MANFRED BACHER

Lausbuben gibt's !

Gesamtausgabe der Lausbubengeschichten
Immer bin ich's gewesen
Der Luk und ich

rosenheimer

Immer bin ich's gewesen!

Inhalt

Der Luk und ich

Inhalt

Immer bin ich's gewesen!

Illustriert von G. Bri

Vorwort

Irgend jemand hatte die Idee, alle ehemaligen Mitschüler des Gymnasiums zu einem Klassentreffen einzuladen. Das war keine neue Idee, neu aber war der Nachsatz: »Wenn Dir noch Geschichten aus der Schulzeit einfallen, an die Du besonders gern denkst, dann mach' Dir Notizen, wir wollen alle davon hören.«

Ich begann, mir Notizen zu machen.

Sie wurden immer ausführlicher, immer wieder fiel mir etwas ein, was ich des Erinnerns wert fand – eine Geschichte reihte sich an die andre. Und weil ich schon am Schreiben war, schrieb ich auch gleich dazu, was ich aus meiner Volksschulzeit wußte und auch noch die wenigen Ereignisse, die aus der Zeit davor stammten.

Als meine Tochter diese Geschichten gelesen hatte, fragte sie mit einem Seitenblick auf ihren dreizehnjährigen Bruder:

„Ist das auch wirklich alles wahr, was du da geschrieben hast?"

„Ja freilich, bis in jede Einzelheit."

„Du sagst das, als ob du sehr stolz darauf wärst."

„Hm. Na ja."

„Und was würdest du sagen, wenn dein Sohn so was anstellen würde, oder, besser gesagt, was würdest du tun?"

In diesem Augenblick läutete das Telefon und enthob mich einer Antwort.

Was hätte ich auch sagen sollen?

Was würde ich tun?

Hoffentlich bleibt mir noch sehr viel Zeit, das zu überlegen!

Bubi

Meinen Namen habe ich an meinem vierzehnten Geburtstag erhalten.

Meine Mutter hat gesagt: „Nennen wir ihn halt Manfred."

Da hat meine Schwester gesagt: „Manfred ist heute überhaupt kein Name mehr; außerdem sagst du immer Mampfred, und da lachen ihn ja die Hühner aus, ha, ha, ha!"

Mein Vater hat gar nichts gesagt. Er hat nie etwas gesagt, wenn's nicht hat sein müssen.

Meine Mutter hat sich an ihn gewandt: „Sag doch, wie meinst du denn, daß wir ihn nennen sollen?"

Meine Schwester ist laut geworden. Sie ist immer laut geworden, wenn man nicht gleich auf sie gehört und ihr recht gegeben hat. Sie hat dann mit meiner Mutter zusammen zweistimmig gesprochen. Die Mutter hat ganz leise die Begleitstimme gemacht. Deshalb hat man auch nur meine Schwester gehört.

„Wir nennen ihn Mään. Das ist modern. Oder Freddy. Nein, Mään, es bleibt bei Mään. Was sagst du dazu, Bubi?"

So lange ich zurückdenken kann, ist meine Schwester immer um vier Jahre älter gewesen als ich. Sie ist schon vier Jahre vor mir auf die Welt gekommen, hat mir vier Jahre später ihre abgetragenen Windeln, Strampelhöschen, Babyschuhe und Leibröckchen vermacht, hat vier Jahre vor mir aufgehört, Geschirr abzutrocknen und die Schuhe zu putzen, und hat mir großzügig ihre Küchenschürzen und ihre Karl-May-Bände überlassen.

Weil sie unheimlich gern vorgelesen hat, habe ich in der Schule gleich alles gewußt, und weil sie der Mutter nie gern in der Küche geholfen hat, habe ich gut Geschirr abtrocknen und so was gelernt. Sie hat schon Geld verdient, lange bevor ich mir die erste Totenkopfpfeife habe kaufen können, das Stück zu 35 Pfennig, und sie ist schon ins Kino gegangen, wie ich nur die Filmbilder im Schaukasten habe anschauen dürfen.

Ich habe meine Schwester schon gern mögen, aber ich habe

oft neidisch auf sie gesehen, weil sie mir immer und überall voraus gewesen ist, und ich bin ihr dankbar gewesen, aber nur manchmal, weil sie mir überhaupt alles gegeben hat, was sie nicht mehr hat brauchen können, weil sie zu alt dafür gewesen ist.

Potschamperl

„Was Hänschen nicht lernt, lernt Hans nimmermehr."
Meine Großmutter hat immer das richtige Sprichwort bei der Hand gehabt oder auf der Zunge. Damals hat sie sicher auch ein Verslein gewußt.

Wer das Fliegen erlernen will, muß einmal damit anfangen. Ich habe mir das aber nicht nur so gedacht, sondern gleich getan. Heute baut man Flugapparate, die sind so kompliziert, daß es gar niemand weiß, und ab und zu fällt trotzdem einer runter, daß es Scherben gibt und der Doktor nichts mehr zu tun hat.

Ich habe zum Fliegen nur ein Bettstatterl gebraucht und ein Potschamperl und etwas später einen Bader.

Was ein Bettstatterl ist, muß ich erklären, weil es in der hochdeutschen Sprache kein richtiges Wort dafür gibt. Ein Bettstatterl ist ein kleines Bett für kleine Kinder, ein Schlafkäfig, bei dem eine Gitterwand heruntergeklappt werden kann, damit der Schlafgefangene morgens leichter aus seiner Zelle kommt, wenn ihm sonst kein starker Arm hilft. Ein Potschamperl ist ein Nachttopf. Wir haben eines mit einem Goldrand gehabt, und es hat zur Waschschüssel gepaßt, die ist auch mit einem Goldrand verziert gewesen.

Bettstatterln haben wir zwei gehabt, die sind Kopf an Kopf in unserem kleinen Schlafzimmer gestanden. Eines hat mir gehört, und es ist mir zu groß gewesen, eines hat meiner Schwester gehört, ihr ist es zu klein gewesen. Mein Vater hat die Bettstatterln selber gebaut und alle zwei gleich, weil das Arbeit und Kosten erspart und auch schöner ausgesehen hat.

Das Potschamperl ist vor meinem Bettstatterl gestanden, denn ich habe es öfter benützt und darum immer gleich vor dem Bett stehen lassen, weil ich manchmal durch die Gitterstäbe hineingetroffen habe, wenn ich zu faul zum Aufstehen gewesen bin.

Obwohl ich später auf die Welt gekommen bin als meine Schwester, bin ich immer früher wach gewesen und habe meine

Schwester geweckt. Die hat dann zur Mutter hinausgerufen, daß der ekelhafte Fratz schon wieder keine Ruhe gibt.

Manchmal hat mir meine Schwester auch bloß ein Kissen hinaufgeschmissen, wenn ich sie geweckt habe. Ich habe es dann wieder hinübergeworfen und sie wieder zurück.

Dabei ist es passiert.

Ich habe das Gleichgewicht verloren und bin aus dem Bettstatterl geflogen. Mit dem Kopf bin ich im Potschamperl gelandet. Weil aber das Potschamperl zu klein gewesen ist, ist es geplatzt und kaputt gewesen und ist ausgelaufen.

In meinem Kopf ist ein großes Loch gewesen. Ich habe furchtbar laut geschrien, aber meine Mutter hat mich nicht gehört, weil sie aus dem Haus gegangen war und meinem Vater die Brotzeit nachgetragen hat, die er immer liegenlassen hat.

Aber meine Großmutter hat mich gehört.

Sie hat mich gleich zum Bader gebracht. Der hat mir meine ganzen ersten Haare abgeschnitten und das Loch mit einem Pflaster zugepappt.

Das Pflaster hat mich gefreut.

Und meine Schwester ist geschimpft worden, das hat mich auch gefreut. Und wir haben ein neues Potschamperl bekommen, das ist aber bloß aus Blech gewesen und ohne Goldrand und hat gar nicht zur Waschschüssel gepaßt.

Der fliegende Holländer

Wie ich sechs Jahre alt gewesen bin, habe ich mit dem Kirmaier Lenz und dem Glaser Maxl in die Schule gehen müssen, und das ist schuld, daß ich nichts Gescheites geworden bin. Ich habe jeden Vormittag und oft auch am Nachmittag im Schulhaus sitzen und bei dem Fräulein Froschhax Auf-ab-auf, Tüpferl-drauf schreiben müssen. (Wir haben sie Froschhax genannt, obwohl sie anders geheißen hat, ich weiß aber nicht wie.) Darum habe ich meine Pläne nicht verwirklichen können, die ich vorgehabt habe. Ich habe einen Zirkus aufmachen wollen und Direktor werden, und ich habe schon Maikäfer dressiert und ein Meerschweinchen. Ich habe auch ein Kaninchen gehabt, aber nicht lange, weil es mir immer ausgekommen ist, und die Mutter hat dann den Vater zum Suchen geschickt, und er ist unter die Holzlege gekrochen und hat geschimpft.

Wir haben im Bahnhof gewohnt, weil mein Vater ein Eisenbahner gewesen ist. Die Schule ist eine Gehstunde weit weg gelegen. Oben im Dorf auf dem Berg ist sie gestanden. Wenn es geregnet hat, habe ich immer viel länger gebraucht, weil wir das Regenwasser aus dem Straßengraben haben ableiten müssen. Das Wasser haben wir durch viele Kurven und Kanäle geschickt, und wir haben oben die Stopsel von Bierfässern hineingeworfen und sind schnell nach unten gelaufen und haben geschaut, von wem der Stopsel zuerst daherschwimmt.

Auf Weihnachten habe ich von der Großmutter einen Holländer bekommen. Eigentlich hätte ihn das Christkind bringen sollen, aber später ist mir eingefallen, daß der Holländer schon lange vor dem Heiligen Abend in der Schachtelkammer von der Großmutter ihrem Geschäft gestanden ist.

Um diesen Holländer sind mir die anderen neidisch gewesen, weil sonst niemand einen gehabt hat. Man hat sehr schnell damit fahren können, wenn man mit den Händen den Hebel fest vor- und zurückgeschoben hat.

Ich habe meinen Holländer oft in die Schule mitnehmen dürfen und habe ihn mühsam den Berg hinaufgeschoben. Anfangs hat mir der Glaser Maxl immer dabei geholfen, aber dann nicht mehr, weil er gemerkt hat, daß er immer nur hinaufschieben dürfen hat und nie hinunterfahren.

Heimwärts habe ich dann den Holländer mit Vollgas den Berg abwärts rasen lassen. Er ist unheimlich schnell gelaufen, und ich bin auf die Idee gekommen, daß ich den Holländer zu einem Flieger umbauen und damit fliegen kann, nämlich, wenn ich schnell den Berg hinunterfahre und abhebe und dann vor dem Bahnhof lande.

Im Frühjahr hat mein Vater Bretter gekauft für Bienenkästen, weil der andere Eisenbahner ein Bienenzüchter gewesen ist, und mein Vater hat auch einer werden wollen. Die Bienenkästen hat mein Vater selber machen wollen, und die Bretter sind sehr schön gehobelt und teuer gewesen.

Der Vater hat Dienst gehabt.

Seine Werkstatt ist in einer Holzlege gewesen, fünfzig Meter vom Bahnhof weg.

Der Glaser Maxl hat mir dabei geholfen.

Wir haben fast alle Bretter gebraucht und alle Nägel, und es ist sehr schwer gegangen, denn gleich zuerst haben wir mit der Säge einen Nagel erwischt und durchgeschnitten, und sie ist nicht mehr recht scharf gewesen. Die Flügel haben nicht halten wollen und sind immer wieder heruntergesunken. Am Schluß haben wir keine Nägel mehr gehabt und haben alles wieder abbauen müssen, weil irgend etwas nicht gestimmt hat und die Flügel einfach nicht gehalten haben.

Der Holländer ist also nicht geflogen und ich auch nicht, aber der Vater ist fast in die Luft gegangen, wie er die zerschnittenen Bretter gesehen hat und keine Nägel mehr.

Großmutter

Im Haus von meiner Großmutter bin ich nur sechs Jahre gewesen; dann hat die Eisenbahn meinen Vater woanders gebraucht und wir haben wegziehen müssen.

Meine Großmutter hat in Wasserstetten gewohnt. Sie hat einen Laden mit Lebensmitteln, Schokolade, Marzipan, Wildbret, Waffen und Luftgewehren gehabt, aber nur einen ganz kleinen, und mein Großvater ist deswegen immer ein Bräumeister gewesen oder auf der Jagd.

Wenn ich zu meiner Großmutter auf Besuch gekommen bin, hat sie immer gleich in die Ladenkasse gegriffen und Geld herausgelegt und zu mir gesagt:

„Komm, Bubi, geh zum Lebzelter rüber und hol uns was zum Kaffee!"

Ich habe gleich das Geld und eine große Tüte genommen und bin gelaufen. Wenn ich etwas geholt habe, bin ich immer gelaufen.

Beim Lebzelter habe ich zwei Schaumrollen, zwei Amerikaner und zwei Zitronenschnitten gekauft. Die zwei Amerikaner haben mir gehört und die Zitronenschnitten auch. Von den Schaumrollen hat die Großmutter den Schaum in den Kaffee getan, und die Rollen habe ich essen dürfen.

Meine Großmutter ist furchtbar dick und brav gewesen. Ich habe mich immer gefreut, wenn ich sie habe besuchen dürfen.

Nach dem Kaffeetrinken ist meine Großmutter aufgestanden und hat gesagt:

„Kann ich dich fünf Minuten allein lassen, Bubi? Ich geh schnell zur Hallmaier Anni rüber."

Sie ist immer für eine ganze Stunde zur Hallmaier Anni gegangen, wenn ich da war, weil sie sonst nie weggekonnt hat. Beim erstenmal hat die Großmutter gesagt:

„Wenn jemand kommt und was kaufen will, der weiß schon, was es kostet, oder es steht drauf, oder schreibe es auf, was es war und wer es gekauft hat."

Bald habe ich vieles gewußt, wie teuer es ist, zum Beispiel die

Streichhölzer drei Pfennig oder eine Sechserschachtel Zigaretten zwanzig Pfennig und ein Waffelbruch ein Fünferl.

Der Waffelbruch ist mir am liebsten gewesen.

Er war in eine grüne Tüte aus Drachenpapier eingepackt oder in eine blaue oder in eine rote. Wenn man Glück gehabt hat, hat man einen erwischt mit einer Schokoladenwaffel oder einer ganzen Zitronenwaffel. Ich habe immer Glück gehabt, weil ich jede Tüte genau abgegriffen habe; oder, wenn ich allein gewesen bin, habe ich sie mit Speichel naß gemacht, wo sie zugeklebt war, und habe sie geöffnet und hineingeschaut. Wenn nichts Gescheites darin gewesen ist, habe ich sie wieder zugepappt, oder ich habe von zwei Tüten das Beste herausgenommen und wieder eine daraus gemacht mit dem, was übriggeblieben ist.

Das habe ich tun dürfen.

Ich habe meiner Großmutter nie etwas einfach weggenommen, sondern immer abgebettelt. Wie wir Beichten gelernt haben, habe ich besonders gut aufgepaßt, daß ich richtig frage, damit mir die Großmutter alles erlaubt. Wenn sie zur Hallmaier Anni gegangen ist, habe ich nie gefragt „Bekomme ich eine Marzipanstange?", sondern ich habe hingedeutet und gesagt „Schau, Großmutter, darf ich, wenn du fort bist?"

Die Großmutter hat vielleicht gemeint, ich will nur eine nehmen und hat geantwortet: „Ja, Bubi, ist schon recht."

Die Marzipanstangen sind mit der Schokolade in einem kleinen Wandschrank ganz oben gewesen, daß ich zum Aufmachen einen Stuhl gebraucht habe. Sie sind immer zwei nebeneinander kreuz und quer auf einem Haufen gelegen. Da habe ich dann eine genommen; wenn ich mehr als fünf oder gleich sogar zwölf gegessen habe, habe ich aus der Vorratskammer im ersten Stock wieder neue geholt. Von denen habe ich aber nie eine gegessen, weil ich um sie nicht extra gefragt gehabt hatte.

Oft habe ich mit meiner Großmutter Sechsundsechzig gespielt. Zuerst hat meine Großmutter eine Handvoll Kupfergeld gebracht und unter uns ausgeteilt. Ein Spiel hat einen Pfennig gekostet oder manchmal auch einen Zweierling. Die Großmutter hat immer ein bißchen geschwindelt, damit sie verliert, und ich habe immer fest geschwindelt, damit ich gewinne. Am Schluß habe ich dann alles gewonnen gehabt oder geschenkt gekriegt und in Zehnerl umgewechselt.

Wie meine Großmutter gestorben ist, ist es sehr traurig und kalt gewesen. Ich habe geweint und gefroren und die anderen auch. Es hat lange gedauert, und ich habe alle Schleifen an den Kränzen gelesen, und zu Hause hat meine Mutter dann ein Bild von der Großmutter an die Wand gehängt.

Großvater

Meinen Großvater habe ich immer ein bißchen gefürchtet. Auch meine Mutter und mein Vater haben Angst vor ihm gehabt, das habe ich manchmal gemerkt. Aber ich glaube, mich hat der Großvater schon ein wenig mögen, weil er mir nie eine runtergehauen hat. Er hat nur selten etwas zu uns gesagt, und niemand hat mit ihm gesprochen, außer, wenn er was gefragt hat.

Er ist ein Bräumeister gewesen und hat unheimlich viel Bier getrunken.

Er ist auch ein Jäger gewesen und hat einen Hund gehabt, einen Dackel, und der hat Lumpi geheißen. Von Lumpi weiß ich mehr als von meinem Großvater, weil ich mit ihm oft gespielt habe oder herumgelaufen bin, mit meinem Großvater aber nur selten. Er ist sehr gescheit gewesen, der Lumpi, und alle haben den Großvater um ihn beneidet, weil er in jeden Fuchsbau geschlüpft und nie vor einem Fuchs ausgerissen ist.

Einmal hat er einen Fuchs in einem verrohrten Graben verfolgt. Die Rohrleitung muß aber irgendwo verstopft gewesen sein, und der Fuchs hat nicht mehr auskönnen. Weil das Loch eng gewesen ist, hat der Lumpi den Fuchs beim Schwanz rückwärts herausziehen wollen, aber der Fuchs hat nicht nachgegeben. Nach langer Zeit ist der Lumpi herausgekommen, aber allein und mit dem Fuchsschwanz im Maul. Er hat ihn fallen lassen und ist gleich wieder in die Röhre geschossen.

Jetzt ist er nicht mehr herausgekommen, und mein Großvater hat ihn mit ein paar Bauern ausgraben müssen, indem sie zwei Tage lang an der Rohrleitung geschaufelt haben. Lumpi ist noch ganz munter gewesen, aber der Fuchs nicht, weil ihm der Schwanz gefehlt hat und der Lumpi ihm hinten hineingebissen hatte.

Ab und zu hat mein Großvater mir aus einem kleinen Buch vorgelesen, wo er seine Kriegserlebnisse hineingeschrieben gehabt hat, oder er hat davon erzählt, aber nur selten. Ich habe mich dabei immer gelangweilt, trotzdem habe ich aber fest zugehört, weil es ihn gefreut hat und er mich dann vielleicht auf die Jagd oder zum Hochstandbauen eingeladen hat.

Einmal haben wir einen Hochstand gebaut, und nachher hat er mich zum Näbauernwirt mitgenommen und hat mir so viele Würste gekauft, daß ich sie nicht habe aufessen können, und er hat so viel Bier getrunken, daß er ganz sanft geworden ist, und wir sind dreimal mit der Fähre hinüber und herüber über den Inn gefahren, und jedesmal hat er gefragt: „Magst noch einmal fahren, Bubi?" Dann hat er dem Fährmann dreißig Pfennig gegeben.

Der Großvater ist meistens früh fortgegangen und spät heimgekehrt. Wenn er einmal eher gekommen ist, hat er oft die anderen Jäger dabei gehabt. Die haben dann gelacht und ein Bier getrunken und sind dann mit dem Großvater in eine Wirtschaft gegangen. Ich habe die Jäger alle gekannt, aber ich habe sie nur in die Zehnerl- und Fünferljäger eingeteilt, weil mir manche ein Fünferl und manche gleich ein Zehnerl geschenkt haben, wenn sie mich gesehen haben.

Vom Großvater weiß ich sonst nichts mehr, nur daß er vom Krieg ein Loch im Hals gehabt hat, und er ist bald gestorben, und wir haben beim Bräu gefeiert.

Aber vom Lumpi weiß ich etwas, das muß ich erzählen, weil es so lustig ist.

Der Großvater ist jeden Dienstag- und Freitagabend mit der Kleinbahn von Wasserstetten nach Reitering gefahren und spät zurück. Das ist nur eine Station weit gewesen, und wer weiter hat fahren wollen, der hat in Reitering in den Mühldorfer Zug umsteigen müssen.

Lumpi hat den Großvater immer begleitet, weil es ein Stammtisch gewesen ist, und alle Jäger haben dem Lumpi eine Wursthaut oder ein Stück Fleisch unter den Tisch geworfen.

Dann ist der Großvater einmal krank geworden, und jetzt ist der Lumpi alle Dienstage und Freitage allein nach Reitering gereist. Die Eisenbahner haben ihn gekannt und gemeint, der

Großvater wird schon irgendwo sein, und haben ihn einsteigen lassen.

Nach dem Stammtisch ist der Lumpi wieder zum Bahnhof gelaufen und mit dem Zug nach Hause gefahren.

Einmal haben die Jäger dem Lumpi ein Bier gegeben. Davon hat er einen kleinen Rausch bekommen. Er ist zum Bahnhof gelaufen und hat den verkehrten Zug erwischt und ist in Richtung Rosenheim gefahren. Bei jeder Station ist er ausgestiegen, aber es hat nicht gerochen wie daheim, und er ist wieder eingestiegen.

Und so weiter bis Rosenheim.

Da ist der Zug stehengeblieben. Deshalb ist der Lumpi in einen anderen Zug hinein. Jetzt ist er aber bloß noch eine Station weit gefahren, weil er gemeint hat, es muß doch stimmen.

Da ist er in Raubling gewesen.

In Raubling hat ihn der Eisenbahner mit der roten Mütze zu sich hergelockt. Auf dem Halsband vom Lumpi hat er die Adresse vom Großvater gefunden und seinen Namen.

Am nächsten Tag hat ein Eisenbahner den Lumpi zurückgebracht.

Er hat Wauwau gebellt und sich gefreut, daß er wieder daheim ist.

Ein Gramm

An unserer Schule haben drei Lehrkörper unterrichtet, zwei Fräulein und ein Lehrer. Wir haben zuerst ein Fräulein gehabt, dann bin ich in die Klasse vom Lehrer gekommen. In der Kirche ist er ein Organist und in der Schule furchtbar bös gewesen.

Er hat Maier geheißen.

Er hat keinen Spitznamen gehabt, weil ihn keiner mögen hat.

Er ist oft zu spät gekommen, und wir haben dann aus dem Fenster steigen können oder haben die Tafel vollgeschmiert oder mit dem Federhalter Zielwerfen gemacht. Oft ist der Maier nicht nüchtern gewesen, weil er zu lange beim Bräu gesessen war, und dann haben wir gewußt, daß wir heute nichts machen brauchen. Er hat sich auf den Kathederstuhl gesetzt und ist gleich eingeschlafen.

Wir sind aus dem Fenster gestiegen und sind den Schulberg hinuntergerutscht. Das haben wir so gemacht: Wir haben den Wasserhahn vor dem Schulhaus aufgedreht und das Wasser den kleinen steilen Schulberg hinuntergeleitet. Der ist rutschig geworden, und wir haben uns auf den Schulranzen gesetzt und sind hinuntergerutscht. Den Schulranzen haben wir dann wieder abwaschen müssen, weil er voller Dreck geworden ist.

Oder wir sind auf den Kastanienbaum gestiegen und haben Kastanien auf die Mädchen geworfen.

Oder wir haben ein Wettspucken gemacht, wer am weitesten trifft.

Oder wir haben auch nur brav geschrieben oder gezeichnet, aber nur selten.

Der Glaser Maxl hat am besten zeichnen können. Er hat ein Pferd gezeichnet wie echt und ganz freihändig. Ich hätte auch gern ein Pferd gezeichnet, aber ich habe es nicht zusammengebracht. Da hat mir der Glaser Maxl ein großes Pferd hinten auf die Schiefertafel gezeichnet, und ich habe es mit einem Nagel fest hineingeritzt, und jetzt habe ich auch immer gleich ein Pferd zeichnen können.

Wenn der Maier nicht geschlafen hat, ist es gar nicht schön

gewesen. Er hat jeden Tag viele Tatzen hergegeben, immer drei Stück auf jede Hand, macht zusammen sechs. Wir haben ihm die Stecken eingeschnitten, aber das hat nichts geholfen. Vielleicht hat er jeden Tag in der Innleiten neue Stecken geholt, weil sie ihm nie ausgegangen sind.

Zuerst haben wir immer gerechnet. Die Hände haben wir auf die Bank legen müssen, und er ist zwischen uns durchgegangen und hat geschrien „Sechs mal siebzehn!" und hat einen aufgerufen, und wenn er es nicht gewußt hat, hat er ihm gleich mit dem Stecken auf die Hand gehauen.

Wir haben bei ihm gut rechnen gelernt.

Beim Schreiben haben wir immer alle zugleich schreiben müssen und im Takt mitlesen. Wenn der Maier nicht hergeschaut hat, haben wir oft mit dem Federhalter eine Tintenschleuder gemacht gegen die Wand oder gegen seinen Rücken.

Beim Singen haben wir aufstehen müssen und zur Tafel vorgehen, und er hat seine Geige ausgepackt und vorgespielt, und wir haben es nachsingen müssen. Wenn wer nicht gesungen hat oder falsch, hat er ihm den Geigenbogen auf den Kopf geschlagen. Dem Glaser Maxl hat er ihn einmal so fest auf den Kopf gedroschen, daß er zerbrochen ist, nämlich der Geigenbogen, und wir haben alle laut lachen müssen, weil wir gedacht haben, der Maier platzt vor lauter Wut.

Einmal haben wir die Gewichte durchgenommen, und der Maier hat zu mir und dem Kirmaier Lenz gesagt: „Ihr geht jetzt zu meiner Frau und holt die Waage und die Gewichte."

Wir sind gleich losgelaufen, durch den Friedhof und am Bräu vorbei zum Haus vom Maier. Die Frau Lehrer hat dem Kirmaier Lenz die Waage in die Hand gegeben und mir die Gewichte. Die sind in ein Holz hineingestellt gewesen, jedes Gewicht in ein eigenes Loch.

Wir sind wieder zum Maier zurück.

Er hat die Waage gepackt und auf den Katheder gestellt, und dann hat er die Gewichte genommen. Jetzt hat er mich ganz laut angeschrien: „Du hast ja ein Gewicht verloren, du blöder Kerl, das Gramm ist fort!"

Ich habe geschaut, und tatsächlich, das Gramm ist nicht mehr in seinem Loch gelegen.

Ich habe gewußt, was kommt.

Der Maier hat den Stecken geholt und meine linke Hand gepackt und mir drei raufgezogen und dann die rechte Hand und da auch drei. Und dazu hat er gesagt: „Jetzt kannst du dir merken, was ein Gramm ist."

Die Haut ist aufgeplatzt, aber ich habe nicht geheult, weil wir das beim Maier nicht gemacht haben, sondern nur die Mädchen.

Wie die Schule aus gewesen ist, bin ich am Katheder vorbeigegangen und habe die Gewichte gesehen, aber der Maier hat mich nicht sehen können, weil er hinten am Schrank gestanden ist.

Da habe ich schnell das Zweigrammgewicht genommen und das Fünfgrammgewicht und habe sie zum Fenster hinausgeworfen und habe gedacht, der Maier soll sich merken, daß sechs Tatzen nicht bloß ein Gramm aufwiegen, sondern mehr.

Maxl und Moritz

Der Glaser Maxl und der Gerber Moritz sind in der Schule nicht immer brav gewesen, sondern haben oft etwas angestellt und den Lehrer geärgert, und dann haben sie Tatzen gekriegt. Das hat ihnen aber nicht viel ausgemacht. Sie haben jeden Tag Tatzen bekommen.

Einmal haben wir einen jungen Lehrer gehabt, weil der Maier krank gewesen ist. Wir haben bei ihm viel gelernt, aber sonst ist überhaupt nichts losgewesen.

Der Gerber Moritz hat gesagt, wir müssen etwas Lustiges machen, damit wir eine Gaudi haben und alle sich freuen. Und dann sehen wir auch, wie unser neuer Lehrer ist, und probieren aus, ob er sich leicht ärgert.

In unserem Schulzimmer sind die Kleinen ganz vorne gesessen und die von der Achten ganz hinten, und die Buben links bei den Fenstern und die Mädchen rechts an der Wand. Neben der Tür ist ein großer Eisenofen gestanden und auch eine Kiste mit zwei Fächern, mit Kohlen und Holz drinnen zum Einheizen.

Der Moritz hat uns gesagt, was er tun will, und der Maxl soll ihm helfen, und wir haben auch mitgeholfen und die Kiste ausgeräumt, und dann haben sich der Maxl und der Moritz hineingesetzt und den Deckel zugeschlagen, und wir haben gewartet, bis der Lehrer kommt.

Er hat Engel geheißen, aber die Achtklaßler haben ihn gleich den Barbarossa genannt, weil er einen kleinen roten Bart gehabt hat.

Der Lechner Fritz hat die Tür aufgerissen und gerufen, daß er kommt. Der Fritz hat immer für den Lehrer die Tür auf- und zugemacht und uns gesagt, wenn er im Gang auftaucht, damit wir nicht aufkommen, wenn wir was machen.

Der Barbarossa ist eingetreten und zum Katheder gegangen. Nach dem Beten ist der Kirmaier Lenz zu ihm hin und hat gesagt, daß der Glaser Maxl einen Durchfall hat und eine Grippe und der Gerber Moritz auch.

Aber die blöden Mädchen haben zu kichern angefangen, und alle haben immer auf die Kiste geschaut, und vielleicht hat der Barbarossa das gleich gemerkt.

Er hat gesagt „Ist schon recht und setzt euch!" und hat ein komisches Gesicht gezogen, als ob er lachen will und es nicht geht. Und zu den Buben von der Achten hat er gesagt: „Es ist euch kalt, setzt euch neben den Ofen auf die Kohlenkiste, dann ist es euch gleich warm, und daß mir keiner heruntergeht, sonst gibt's was!"

Die Achtklaßler haben sich auf die Kohlenkiste gesetzt, und der Barbarossa hat Unterricht gehalten, als ob gar nichts ist.

Nach einer Stunde hat es sich in der Kiste gerührt, und bald darauf haben der Maxl und der Moritz gebettelt, ob sie nicht herausdürfen. Aber der Barbarossa hat laut gesagt, daß er gewisse Dinge nicht hört, weil er da schwerhörig ist, und er hat an der Tafel weitergeschrieben.

Später haben dann die zwei in der Kiste zu heulen angefangen, weil ihnen alles weh getan hat und sie sich nicht bewegen haben können.

Wie die Pause angefangen hat, haben die Achtklaßler aufstehen dürfen, und der Maxl und der Moritz sind aus der Kiste gestiegen. Sie haben einen ganz krummen Buckel gehabt und haben gestöhnt und geächzt und geweint.

Den Barbarossa haben wir nicht mehr ausprobiert, und es hat uns leid getan, wie er weggemußt hat, weil der Maier wieder gesund geworden ist.

Das ist schade gewesen.

Es knallt

Auf den Fasching habe ich mich immer ganz närrisch gefreut, weil ich da maskiert gegangen bin.

Jedes Jahr habe ich etwas anderes angezogen.

Wie ich noch ganz klein gewesen bin, bin ich als ein Rotkäppchen herumgelaufen, aber dann nicht mehr.

In meine erste Klasse ist kurz vor dem Fasching ein Kasperltheater in die Schule gekommen. Da haben dann alle Kinder im Fasching als Kasperl gehen wollen. Ich habe auch einen Kasperlanzug gekriegt, den hat meine Mutter gemacht. Er ist grün gewesen mit lauter kleinen Kasperln drauf, und eine spitze, lange Mütze aus Pappendeckel, mit grünem Stoff überzogen, habe ich auch gehabt. Sie ist aber immer leicht heruntergerutscht, weil sie zu schwer gewesen ist. Um den Hals habe ich eine dicke weiße Rüsche getragen und in der einen Hand eine Pritsche und in der anderen eine Saubladern.

Die Pritsche hat mir der Vater aus Pappendeckel gefaltet, und sie hat fest geknallt, wenn ich sie einem raufgehauen habe. Aber die Saubladern ist das wichtigste gewesen. Nicht alle Kasperln haben eine gehabt, weil der Metzger gar nicht soviel hat herbringen können.

Ich muß erklären, was eine Saubladern ist und wozu man sie braucht.

Eine Saubladern ist von einem Schwein eine Blase oder so etwas, die wird mit Luft aufgepumpt und zugebunden und dann getrocknet. Dann ist sie ein fester Luftballon, und wenn man sie an eine kurze Schnur bindet und die Schnur an einen Stecken, kann man unheimlich damit zuhauen, und es kracht ganz unbändig, daß gleich jeder Angst bekommt oder davonläuft.

Mit den Saubladern haben wir eine gewaltige Schlacht gemacht, daß meine Mütze kaputt gewesen ist und meine Rüsche, und die Hose hat ein Loch gehabt und die Kasperljacke auch, und wir sind alle ganz dreckig gewesen, weil es geregnet und geschneit hat.

Meine Saubladern hat mir jedoch keiner abnehmen können, aber sie hat keine Luft mehr gehabt, sondern ein Loch, wo sie hinaus ist, und wir haben nur mehr mit den Stecken zugehauen.

Das ist mein Fasching in der ersten Klasse gewesen.

Später habe ich keinen Kasperl mehr gemacht, sondern ich habe ein grimmiger Ritter sein wollen. Ich habe gewußt, daß der Glaser Maxl ein altes Weib macht und der Kirmaier Lenz einen schwarzen Teufel und der Kommeter Peter eine krumme Hexe. Aber einen Ritter hat keiner gemacht, das habe ich gewußt, und ich habe gedacht, da werden sie schauen.

Meine Mutter hat nicht gewußt, wie ein Ritter geht. Aber ich habe es ihr gesagt und ihr geholfen, und der Vater hat mitgeholfen und meine Schwester auch. Es ist eine fürchterliche Arbeit gewesen, bis ich den Ritter habe anziehen können. Aus einem Kartoffelsack hat meine Mutter eine Hose und eine Jacke geschneidert, und aus alten Schachteln haben wir viele kleine Plättchen geschnitten und mit Silberbronze angestrichen und auf den Anzug genäht. Der Vater hat mir einen großen Helm gemacht, wo man nur mit den Augen heraussieht, und mit Silberbronze angestrichen. Er hat mir auch ein Schwert und einen Schild angefertigt, damit ich wie ein richtiger Ritter ausgeschaut habe.

Alle haben die Augen aufgerissen, wie sie mich gesehen haben. Ich habe nur langsam gehen und kaum etwas durch die Helmschlitze sehen können. Erst sind alle neidisch auf mich gewesen, aber dann habe ich gemerkt, daß ein Ritter doch nicht das richtige ist, denn man kann nicht herumlaufen und niemand eine raufhauen, weil man nicht vorwärtskommt. Ich habe mir vorgenommen, daß ich keinen grimmigen Ritter mehr machen werde, denn sie haben alle gesagt, daß man mit einem Ritter kämpfen muß, und sie haben mit Pritschen und Stecken und Saubladern auf mich gehauen, und der Kommeter Peter, der eine krumme Hexe gewesen ist, hat mich mit dem Besen in den Dreck geworfen, weil er zwei Jahre älter gewesen ist und überhaupt ganz gemein.

Im nächsten Jahr bin ich dann als Räuber gegangen. Ich habe mir Knallerbsen kaufen dürfen, und der Vater hat mir ein Messer gegeben, wo die Holzklinge in den Griff geschlüpft ist, wenn man zugestochen hat. Das Messer hat er einmal gemacht, wie er in einem Ritterschauspiel im Postbräu einen Meuchelmörder gespielt hat.

Das Messer hat allen sehr gefallen, und alle haben es mir abtauschen wollen. Der Maxl hätte mir einen Springfrosch aus Pappe gegeben, der von einer Schuhkremfabrik war; der Lenz hat mir ein Kaleidoskop angeboten; aber mit dem Tschitschi habe ich getauscht, weil ich von ihm drei große gläserne Schusser und ein Päckchen mit Knallzünder bekommen habe.

Die Knallzünder kann man in eine Zigarette stecken und dann, wenn der Mann die Zigarette angezündet hat und sie eine Zeitlang brennt, dann knallt's.

Die habe ich gebraucht.

Weil mein Vater bei der Eisenbahn nicht viel verdient hat, hat er immer nur Pfeife geraucht und bloß ganz selten Zigaretten, nämlich wenn er sie geschenkt gekriegt hat oder wenn die Großmutter gekommen ist. Ich habe gewußt, daß er eine Sechserschachtel zu Hause hat und habe ihm in eine jede Zigarette einen Knallzünder hineingesteckt.

Dann habe ich gewartet.

Am Nachmittag ist zu meinem Vater ganz überraschend ein Mann gekommen, der mit ihm im Krieg gewesen ist. Sie haben sich wegen der Überraschung ganz laut angeschrien und gelacht und auf den Tisch gehauen und die Hände geschüttelt, und ich habe den Bierkrug mit den grünen Tupfen nehmen und ein Bier holen müssen.

Dann haben sie vom Bier getrunken und mein Vater hat gesagt:

»Jetzt rauchen wir eine Gute, Xaverl, zur Feier des Tages!«

Und er hat ihm eine Zigarette angeboten.

Ich habe mich direkt neben das Sofa gestellt und genau zugeschaut und gewartet, denn ich habe wissen wollen, was passiert.

Der Vater hat dem Mann ein Feuer gegeben, und dann hat er bei sich angezündet.

Zuerst ist gar nichts geschehen, und ich habe schon gedacht, daß es nicht klappt.

Es hat schon geklappt.

Es hat plötzlich unter der Nase von dem Mann laut geknallt und Feuer gespritzt, und die Zigarette ist auseinandergeplatzt, daß sie ausgesehen hat wie ein kleiner Besen, und der Mann ist unheimlich erschrocken und mein Vater auch, und dann hat es wieder geknallt, aber bei meinem Vater, und dann hat es noch einmal geknallt, weil mir der Vater eine ganz furchtbare Ohrfeige heruntergehauen hat.

Auf dem Fahnenmast

Ich muß berichten, daß ich früher vieles angefangen und gebaut habe, aber daß selten etwas fertig geworden ist, weil ich so viel zu tun gehabt habe.

Zum Beispiel eine Schneeburg.

Im Winter habe ich einen Plan gezeichnet für eine ganze Schneeburg mit vier Zimmern und zwei Türmen, wo man auf einer Wendeltreppe hinaufgehen kann, und Schießscharten und Zinnen und einer Burgmauer.

Der Vater hat mitgeholfen.

Aber sie ist nicht fertig geworden.

Wir haben zuerst einen Turm gebaut. Ich habe die Schneekugeln herangewälzt, und meine Freunde, der Glaser Maxl und der Kirmaier Lenz, haben auch Schneekugeln gedreht und mit dem Schlitten an die Baustelle gefahren. Weil wir noch so klein gewesen sind, ist der Turm unheimlich hoch gewesen, wenigstens haben wir es geglaubt; aber er ist bestimmt noch einmal so groß gewesen wie mein Vater, und innen ist wirklich eine Wendeltreppe hinaufgegangen, und das ist der erste Tag gewesen.

Am nächsten Tag hat mein Vater nicht mitmachen können, weil er Eisenbahndienst gehabt hat. Da haben wir allein weitergebaut.

Der Schnee ist schon wenig gewesen, und um die Burg herum haben wir nur noch Schnee gefunden mit viel Kuhmist darin. Darum ist die Mauer nicht so schön geworden wie der Turm, aber sie hat echte Schießscharten und Zinnen gehabt.

Jetzt haben wir warten wollen, bis es wieder schneit.

Aber am nächsten Tag ist alles aus gewesen.

Die Burg ist nur mehr ein wüster Schneehaufen gewesen und ganz kaputt. Da ist der Kommeter Peter dahintergesteckt, das weiß ich bestimmt, aber es ist nie aufgekommen, und deshalb habe ich ihm einen Roßapfel in den Schulranzen gesteckt, und das ist auch nie aufgekommen.

Wie ich sieben Jahre alt gewesen bin, hat bei uns ein Mann

gelebt, dem hat das Sägewerk gehört und eine Villa und Häuser und ein Wald, und er ist fast so reich gewesen wie der Bräu. Dieser Mann hat Weißelbaumer geheißen, und er hat gesagt, daß unser Dorf ein Fremdenverkehrsort werden muß, und er macht alles, daß es einer wird, und er beginnt mit einem Freibad.

Ich habe gedacht, daß ich auch ein Freibad baue, aber nur für mich und den Glaser Maxl, und ich habe auch gleich in unserem Garten mit der Schaufel gegraben, bis es dunkel geworden ist. Dann habe ich plötzlich Bauchweh bekommen, und am nächsten Tag bin ich schon im Krankenhaus in Wasserstetten gelegen, und der Doktor hat mir den Blinddarm herausgeschnitten.

Weil ich nach der Operation gleich wieder aufgestanden und vom Fensterbrett einen Tee geholt habe, wie die Schwester nicht dagewesen ist, habe ich länger im Krankenhaus bleiben müssen, weil die Naht wieder aufgeplatzt ist. So hat mir der Blinddarm die ganzen Ferien verpatzt und auch mein Schwimmbad.

Das Schwimmbad von dem Herrn Weißelbaumer aber ist fertig geworden, und jetzt hat er Wege angelegt und Bänke an der Leiten, und wir haben auch Wege und Bänke angelegt in unserem kleinen Buschwald beim Bahnhof. Wir haben da auch ein Lager gebaut mit einem geheimen Loch, wo unsere Kastanienpfeifen darin gewesen sind und die Teufelsstricke, die wir geraucht haben.

Das Schwimmbad ist dann eingeweiht worden mit einer Musik, und ein Affe ist dagewesen und ein Reh und ein Pfau, und ein Feuerwerk hat es gegeben, und der Herr Pfarrer hat es geräuchert.

Aber die Bauern haben nicht baden mögen, und so hat der Herr Weißelbaumer kein Geld mehr gehabt und keine Fremden, aber Schulden und einen Konkurs, und er ist weggezogen.

Nach der Einweihung ist die weißblaue Fahne wieder heruntergenommen worden, und ich habe zum Glaser Maxl gesagt, wir müssen schauen, ob wir nicht den Fahnenmast hinaufklettern können und die gelbe Kugel herunterholen.

Ich habe es probiert und bin auch weit hinaufgekommen, aber dann hat die Kraft ausgelassen, und ich habe mich hinuntersausen lassen.

Da ist aber aus der Fahnenstange ein Haken für die Schnur herausgestanden, und seine Spitze hat nach oben gezeigt. Daran bin ich hängengeblieben und habe mir den Bauch aufgerissen. Aber meine Lederhose hat mich festgehalten.

Ich habe furchtbar geschrien und mir den Bauch zugehalten und bin nach Hause gelaufen und der Glaser Maxl auch.

Meine Mutter ist zuerst erschrocken, aber dann hat sie gleich eine Flasche Gewehröl genommen und in den Bauch gegossen, weil es ganz sauber ist und heilt, und mit Pflaster hat sie das große Loch zusammengepappt.

Dann hat sie den Doktor geholt.

Der ist am Nachmittag mit seinem Dackel daherspaziert und hat meinen Bauch angeschaut und gemeint, die Mutter hat es gut gemacht, und ich habe wieder in den Ferien liegen müssen, bis es verheilt war.

Beim Baden habe ich dann allen gezeigt, daß ich links und rechts eine Narbe habe, vom Blinddarm und vom Fahnenmast, und alle sind neidisch gewesen, weil sie keine Narbe gehabt haben.

Susi

Sie hat Susi geheißen und ist mindestens einen Meter und fünfzig lang gewesen und ist ausgerissen.

Aber ich muß der Reihe nach erzählen und zuerst von dem Fräulein Froschhax und wie wir in der Schule die Kaulquappen gelernt haben.

Sie hat ein großes Wassergefäß mitgebracht und gesagt, daß das ein Aquarium ist, wo die Wassertiere leben. Sie hat Steine und Sand hineingetan und ein Wasser und ein Gras, das im Wasser wächst, und hat gesagt, daß der Kreilinger Hansi Kaulquappen mitbringen soll oder besser einen Froschlaich, wenn er einen findet.

Der Hansi hat einen Froschlaich gefunden und elf Kaulquappen, die noch ganz klein gewesen sind, daß man sie kaum gesehen hat.

Die Froschhax hat die Tiere in das Aquarium geworfen, und sie sind herumgeschwommen, aber nicht der Froschlaich. Sie hat gesagt, daß wir beobachten sollen, was aus dem Froschlaich wird und was aus den Kaulquappen. Und wir müssen sie jeden Tag anschauen und auch in der Pause, weil das die lebendige Natur ist, wo wir sehen, wie alles wächst und gedeiht.

Aber nach ein paar Tagen hat niemand mehr den Froschlaich angesehen und auch die Kaulquappen nicht, bloß noch ein paar Mädchen, die sich lieb machen wollten bei der Froschhax.

Da hat die Froschhax gesagt, daß wir uns mehr interessieren müssen für die Schönheiten der Natur und ihre Geheimnisse ergründen und besser auf die Kaulquappen schauen und auf den Froschlaich.

Der Kreuzer Simon hat gefragt, ob es nicht schöner ist, wenn man ein paar Goldfische im Aquarium herumschwimmen läßt und nicht bloß Kaulquappen, und er kann ein paar mitbringen, weil er über hundert zu Hause hat im Weiher.

Die Froschhax hat gesagt, das ist eine löbliche Idee, weil dann vielleicht alle Kinder wieder in das Aquarium schauen, weil sie von den Goldfischen angezogen werden, und dabei werden wir staunen, was einmal aus dem Froschlaich wird und aus den Kaulquappen, da eine wunderbare Wandlung mit diesen Tieren vor sich geht.

Der Simon hat die Goldfische gebracht und zu uns gesagt, wir werden die Wandlung bald sehen.

Schon am nächsten Tag ist die Wandlung geschehen gewesen.

Die Goldfische haben alle Kaulquappen aufgefressen und den

Froschlaich auch, und das Fräulein Froschhax hat gelernt, daß ein Goldfisch eine Kaulquappe frißt, wenn er Hunger hat, und wir haben nicht mehr lernen brauchen, daß aus dem Froschlaich die Kaulquappen werden und aus den Kaulquappen die Frösche, weil wir das ohne Aquarium auch schon gewußt haben.

Beim Maier haben wir dann einen anderen Kasten bekommen, wo man Tiere einsperren kann. Der Schmied hat ihn gemacht, und er ist groß gewesen und unten aus Blech und sonst aus Gitter und hat genau in die Fensternische gepaßt.

Der Maier hat gesagt, daß das ein Terrarium ist, und daß er uns darin die Tiere zeigt, wo auf dem Lande leben. Der Kirmaier Lenz hat gefragt, ob da auch eine Kuh hineinkommt, und er hat sechs Tatzen gekriegt.

Der Maier hat die Klasse gefragt, ob wir Tiere mitbringen können, wie zum Beispiel einen Salamander oder auch Würmer und Käfer und eine Blindschleiche oder vielleicht sogar eine Schlange.

Wir haben so viele Tiere gesammelt, daß wir nicht alle haben brauchen können, sondern nur einen Frosch, einen Feuersalamander und eine Ringelnatter und noch ein paar.

Die Ringelnatter hat der Blasius mitgebracht, und sie ist einen Meter und fünfzig lang gewesen, mindestens.

Wie er sie aus einem kleinen Sack herausgezogen hat, haben die Mädchen furchtbar geschrien, und der Maier hat gesagt, daß sie dumm sind, und eine Kreatur ist harmlos und beißt weder, noch ist sie giftig. Und er hat die Ringelnatter in die Hand genommen, aber gleich wieder fallen lassen, weil sie in seinen Ärmel kriechen wollte.

Dann hat er zum Blasius gesagt, er soll sie herumzeigen, und alle sollen sie anrühren, denn sie ist nicht kalt oder schleimig, sondern gar nicht ekelhaft.

Die Mädchen haben sie jedoch nicht angerührt, aber weggeschaut.

Die Ringelnatter hat gleich bei allen Susi geheißen, vielleicht, weil einmal im Erstklaßler-Lesebuch eine Schlange mit dem Namen Susi abgebildet gewesen ist.

Der Frosch hat mit der Ringelnatter im Terrarium bleiben dürfen, weil der Luk gefragt hat, ob eine Schlange einen Frosch hypnotisiert.

Die Ringelnatter hat den Frosch nicht hypnotisiert, sondern sie ist während des Unterrichts aus dem Terrarium herausgeschlüpft, indem sie einfach den Deckel gehoben hat. Die Mädchen haben wieder grausam geschrien, wie die Susi nach vorne geschlängelt ist, und wir haben wegen der Gaudi fest mitgeschrien. Da hat der Maier die Schlange wieder in den Käfig getan und mit Draht den Deckel zugebunden und auch geschrien, daß wir alle miteinander saudumm und frech sind und auch alle in ein Terrarium gesperrt gehören.

Am nächsten Tag ist ihm unheimlich geworden, weil die Susi verschwunden gewesen ist. Sie muß herausgekrochen sein und ausgerissen. Da haben wir alle das Klassenzimmer durchsucht und nichts gefunden.

Wir haben drei Tage gesucht.

Das ist ganz pfundig und lustig gewesen.

Immer, wenn wir „Tsch!" gemacht haben, ist ein Mädchen erschrocken und hat geplärrt, oder wenn wir ein Mädchen mit dem Lineal gekitzelt haben, ist es losgegangen.

Jeden Tag haben wir das ganze Schulhaus durchsuchen müssen.

Die Putzfrau hat nimmer saubergemacht, weil sie kein Fakir ist und Schlangen beschwört, hat sie gesagt.

Die Lehrerinnen haben sich auch gefürchtet, und besonders die Froschhax ist fast nicht mehr in die Schule gegangen und hat beim Wirt gewohnt und nicht mehr im Schulhaus.

Am dritten Tag haben wir die Susi dann gefunden.

Der Glaser Maxl hat den Papierkorb ausleeren müssen, und wie er zurückgekommen ist, hat er die Schlange am Schwanz gehabt und hat gesagt, daß sie im Papierkorb geschlafen hat, wo niemand nachgesehen hat.

Da ist der Maier froh gewesen und hat den Glaser Maxl gleich fortgeschickt, daß er sie im Wald ausläßt.

Schade, daß wir keine Schlange mehr gehabt haben!

Maikäfer

Das Wetter ist schön gewesen, aber wir haben nicht gewußt, was wir tun sollen. Der Glaser Maxl hat gemeint, wir schauen wieder auf dem Bahnhof nach. Aber ich habe gesagt, daß es besser ist, wenn wir uns dort nicht sehen lassen, weil wir dem Hummelberger einen Eisenbahnwagen vom Abstellgleis herunterlaufen lassen haben und er auf alle wütend ist, obwohl er gar nichts weiß. Der Hummelberger ist ein Eisenbahner gewesen.

Ich habe vorgeschlagen, daß wir in die Filze zum Torfstadel gehen.

Im Torfstadel haben die Großen von der achten Klasse ihr Lager gehabt und Zigaretten und Tabak. Wir haben es einmal entdeckt und ihnen den Tabak mit einem Öl getränkt. Der Kommeter Peter ist der Anführer von den Großen gewesen, und wir haben ihn nicht leiden mögen, weil er unser Lager kaputt gemacht hat.

Wir sind beim Glaser Maxl seinem Haus vorbeigegangen und haben uns eine lange Schusternadel, einen Wollfaden und eine Schere mitgenommen.

Dann sind wir zum Torfstadel marschiert.

Wir haben uns herangeschlichen und geschaut, ob jemand drin ist.

Er ist leer gewesen.

Wir sind hinein und haben gleich das Versteck unter dem Dachbalken gesucht und acht Zigaretten gefunden und zwei Pfeifen und einen Tabak. Wir haben aber keine Streichhölzer gesehen und selber auch keine gehabt, und so haben wir nicht rauchen können.

Dafür haben wir mit der langen Nadel einen Wollfaden durch eine Zigarette gezogen und den Faden hinten und vorne sauber abgeschnitten. Auch in die anderen Zigaretten haben wir einen Wollfaden getan. In den Tabak haben wir kleine Wollschnipsel hineingemischt. Die Pfeifen haben wir mit Dreck zugestopft, daß man das Rohr nicht mehr hat saubermachen können.

Wenn man eine Zigarette raucht, wo ein Wollfaden drin ist,

wird einem furchtbar schlecht, und sie schmeckt überhaupt nicht. Das habe ich von meinem Onkel gewußt, der es schon ausprobiert hat.

Jetzt haben wir wieder nicht gewußt, was wir tun sollen.

Da haben wir ein Torfwagerl auf dem Gleis hin und her geschoben, weil um diese Zeit niemand dagewesen ist.

Auf der Drehscheibe haben wir das Torfwagerl auf ein anderes Gleis gedreht, und das ist bergab gegangen, und das Wagerl ist allein gelaufen. Es ist immer schneller geworden. Dort, wo der Torfstich gewesen ist, hat das Gleis aufgehört, und ein Balken ist quer darüber gelegen, damit kein Wagen hinunter in das Wasser fällt.

Wir sind unterm Fahren rasch abgesprungen, und das Torfwagerl ist allein weitergesaust. Der Balken hat es nicht aufhalten können, weil es zu schnell gewesen ist, es ist einfach darübergehüpft und in das Wasser geplumpst.

Da haben wir den Balken gleich weggeräumt und haben auch die anderen Torfwagerl geholt und haben sie ins Wasser springen lassen, eines nach dem anderen, daß man keines mehr gesehen hat.

Später ist dann in der Zeitung gestanden, daß die Torfwagerl alle verschwunden sind, und niemand weiß, wer und wohin, was aber nicht gestimmt hat, weil wir es schon gewußt haben.

Jetzt ist es zum Abendessen Zeit gewesen, und wir sind nach Hause gegangen. Der Maxl hat gesagt, ich soll noch mit ihm hereinkommen, weil er Maikäfer hat. Ich habe gesagt, daß es schon so spät ist und ich heim muß, weil ich noch die Maiandacht besuche, und er soll mir da welche mitbringen.

Der Glaser Maxl hat die Maikäfer nicht vergessen und hat mir vor der Maiandacht eine kleine Schachtel gegeben mit sechs Stück darin. Er selber hat auch eine Schachtel mit sechs Stück gehabt.

Während der Maiandacht habe ich nachsehen wollen, ob die Maikäfer lauter Weibchen sind oder auch Männchen. Ich habe

die Schachtel ein wenig aufgemacht, aber den Maikäfern war es in der Hosentasche warm geworden, und sie sind ganz lebendig gewesen. Wie ich die Schachtel etwas aufgeschoben habe, ist gleich einer gestartet und hinauf zum heiligen Petrus und hat sich auf seine Nase gesetzt.

Da hat der Maxl auch einen starten lassen, und der ist hinüber zur Kanzel.

Jetzt haben wir gar nicht mehr gemerkt, daß auch noch andere Leute in der Kirche gewesen sind und daß die Erwachsenen schon zischeln und die Kinder schon kichern. Wir haben einen Maikäfer nach dem anderen starten lassen, bis mir die Schachtel hinuntergefallen ist und die letzten drei auf einmal weggeflogen sind und einer direkt zum Herrn Pfarrer Huber hinüber an den Betstuhl.

Wie die Maiandacht aus gewesen ist und der Herr Pfarrer das Weihwasser ausgeteilt hat, ist er bei uns stehengeblieben und hat leise geknurrt, wir müssen gleich mitkommen in die Sakristei.

Dort hat er ganz finster dreingeschaut und gesagt, daß wir ganz böse Buben sind, und der liebe Himmelvater ist beleidigt, und wir müssen zur Strafe und als Sühne in die Ecke von der Sakristei hinknien.

Aber da ist jemand in die Sakristei gekommen und hat den Pfarrer ganz dringend abgeholt, und er hat uns hinauslassen müssen.

Zu Hause hat mich die Mutter gleich mit dem Teppichklopfer empfangen, weil die Gsederer Maria schon alles verschuftet gehabt hat. Der Vater hat ganz unheimlich geschimpft, und ich habe auf ein Holzscheit knien müssen, aber nur ein paar Minuten, dann ist der Vater gegangen, und die Mutter hat gesagt, ich soll aufstehen und mir es merken, daß ich in der Kirche keine Maikäfer mehr auslasse.

Ich habe es versprochen und gedacht, daß die Gsederer Maria nicht so leicht davonkommt wie ich.

Leopold

Der Mader Hans ist unwahrscheinlich dumm gewesen und faul und groß wie ein Ochse und sogar noch größer als unser Lehrer. Er hat die erste Klasse gleich zweimal gemacht und die zweite auch und ist noch einmal hängengeblieben, und er hat bald nicht mehr Platz gehabt in der kleinen Bank, und darum ist er aufgestiegen.

Er hat nicht lesen können und auch nicht schreiben, und beim Rechnen hat er immer nur gegrinst und viele Tatzen bekommen. Die Großen haben ihn immer den Bummerl geheißen und verspottet, weil er so langsam gewesen ist. Aber wenn er einen erwischt hat, dann ist es mit ihm aus gewesen und er hat blaue Flecke gekriegt und den Buckel voll Prügel.

Ich habe mich mit ihm meistens gut vertragen, weil er in unserer Nachbarschaft einen Bauernhof gehabt hat und ich manchmal bei ihm gewesen bin.

Einmal haben wir für das Erntedankfest alte Dreschflegel gebraucht für eine Prozession. Der Mader Hans hat welche auf seinem Speicher gehabt. Ich bin hin, und er hat mir einen gegeben und mir gezeigt, wie man früher damit gedroschen hat. Auf dem Boden ist ein hohes Strohbündel gewesen, und ich habe mit dem Dreschflegel gleich draufgehauen, und es hat laut gescheppert, und der Hans hat geschrien: „Was machst du denn? Da sind doch unsere Winterfenster darunter!" Es sind fast alle zerbrochen gewesen, aber der Hans hat mich bei seinen Eltern nicht verklagt.

Wenn wir einen Krieg gegen die Großen gehabt haben, hat der Hans immer zu uns geholfen, weil er ja auch in unsere Klasse gegangen ist. Er hat meistens nur mit den Händen zugehauen, aber wir anderen haben Schwerter und Stöcke unter dem Rost von der Schulbank gehabt, damit wir in der Mittagspause gerüstet sind für den Kampf.

Wir haben aber bald nicht mehr kämpfen dürfen, weil dem Forster Xaver mit einem Schwert fast ein Ohr ganz abgerissen worden ist, und dem Birkl Bernhard haben sie einen Nagel von

einer Zaunlatte in den Rücken gehauen, und dem Kramer Gustl hat der Doktor am Kopf nähen müssen.

Mit dem Hans bin ich auch einmal in den unterirdischen Gang vom alten Kloster gegangen, der zugemauert gewesen ist, aber er hat einen anderen Eingang gefunden. Und mit einer Kerze sind wir weit hinein und haben Angst gehabt und geschlottert, aber wir sind weitergekrochen, und manchmal ist es ganz eng gewesen. Dieser Gang ist aber auch gleich versperrt worden; weil es gefährlich ist, haben die Erwachsenen gesagt.

Wir haben auch noch den Leopold in der Klasse gehabt. Er ist auch sehr groß gewesen und hat nicht gehen können, sondern man hat ihn aufheben müssen, wenn er hingefallen ist, und er hat so geredet, daß man ihn fast nicht verstanden hat, wir schon, aber der Lehrer nicht.

Die Mutter hat den Leopold mit einem Leiterwagen in die Schule gefahren, jeden Tag und eine halbe Stunde weit, und hat ihn auf dem Rücken die Treppe hinaufgetragen.

Da ist die Mutter vom Leopold krank geworden, und der Leopold ist nicht mehr in die Schule gekommen. Aber ein paar Tage danach hat der Mader Hans den Leopold mit dem Wagen zur Schule gezogen, und er hat ihn die Treppe hinaufgetragen, und er hat ihn wieder nach Hause gefahren.

Seitdem hat er sich immer mit ihm abgegeben und ihn oft den halben Tag herumgeschleppt.

Da haben plötzlich alle gemerkt, daß der dumme Mader Hans ganz anders ist als bloß dumm, und alle haben ihn jetzt mögen und geschaut, daß sie sein Freund sind.

Wetten

Wie ich ungefähr zehn Jahre alt gewesen bin, haben wir viel gewettet. Meistens ist es um nichts gegangen, sondern bloß so. Aber wer verloren hat, hat sich geärgert, und wer gewonnen hat, ist von den anderen neidisch angeschaut worden, und sie haben gesagt, daß die Wette nicht gilt und ein Krampf ist, und wir haben wieder etwas anderes gewettet.

Zum Beispiel habe ich fünf Kubikzentimeter Quecksilber gehabt.

Es ist vom Bahnhof gewesen, wo irgend etwas kaputtgegangen ist. Mein Vater hat mir das Quecksilber gezeigt und erklärt, was es ist, nämlich ein Metall und flüssig, und ich habe ihm heimlich eine kleine Flasche voll weggenommen, daß er es nicht gemerkt hat. Es ist eine Medizinflasche gewesen, und es ist „5 ccm" daraufgestanden.

Das Quecksilber habe ich den anderen gezeigt, und wir haben es auf einem Brett hin und her laufen lassen. Alle haben etwas davon geschenkt haben wollen. Ich habe aber nichts hergegeben, weil es viel schöner ist, wenn man so etwas nur ganz allein hat.

Da hat der Glaser Max gesagt, er wettet, daß ich es nicht austrinken kann. Und er hat gemeint, daß ich mich nicht traue.

Da habe ich den Stopsel herausgezogen und das Quecksilber ausgetrunken. Es ist schwer in meinen Bauch geplumpst, und sonst ist gar nichts gewesen.

Wie meine Mutter es später erfahren hat, hat sie immer gesagt, wenn ich einmal krank geworden bin, daß es bestimmt von dem Quecksilber kommt.

Einmal habe ich wegen einem Motorrad gewettet. Das hat meinem Onkel Matthias gehört. Er hat schon ein Motorrad gekauft, wie noch selten eines gefahren ist. Er ist damit zu uns auf Besuch gekommen, und ich habe gefragt, ob ich auch einmal damit fahren darf. Aber er hat gelacht und gesagt, daß ich nicht

einmal über den Sattel sehe, und ich darf nicht, weil ich es noch nicht kann, sondern erst, wenn ich größer bin.

Dann ist er in das Haus gegangen und zu meinen Eltern.

Mit dem Kirmaier Lenz habe ich das Motorrad angeschaut, und wir haben uns erklärt, wie es geht, und der Kirmaier Lenz hat gewußt, wie man es macht, daß es läuft. Er hat gesagt, wenn es das Motorrad von seinem Onkel wäre, täte er fahren dürfen.

Aber er wettet, daß ich es nicht darf.

Ich habe gewettet.

Wir haben den Motor zum Laufen gebracht, und ich bin hinaufgestiegen und habe den Hebel losgelassen, den mir der Kirmaier Lenz gezeigt gehabt hat. Es hat gekracht und einen gewaltigen Ruck gegeben, und das Motorrad ist mit mir davon. Wie wir beim Bahnhof gewesen sind, habe ich das Motorrad anhalten wollen, aber ich habe es nicht können, weil ich so aufgeregt gewesen bin. Da bin ich eine Kurve gefahren und zurückgekehrt und gegen den Zaun gerannt. Da ist es stehengeblieben, und einiges ist kaputt gewesen.

Weil ich über den Zaun in das Mistbeet gefallen bin, ist mir nichts passiert, sondern erst später, aber die Hose hat ein Loch gehabt und auch die Jacke und ein Knie.

Der Onkel ist schon vor dem Haus gestanden und der Vater und meine Mutter auch, bloß der Kirmaier Lenz war davon.

Ich habe die Wette gewonnen gehabt, aber es hat mich nicht gefreut.

Auf dem Volksfest habe ich einmal einen Mann gesehen, der hat sich einen Strom durch den Körper leiten lassen und ist dann ganz steif gewesen und hat Elektrowatt geheißen. Wenn man eine Lampe auf seine Stirn gehalten hat, hat sie geleuchtet, oder ein Blitz ist aus seinem Gewand gesaust.

Mein Onkel hat in Wasserstetten ein Elektrogeschäft gehabt und eine Werkstatt. Wie einmal niemand drin gewesen ist, bin ich mit meinen Vettern hinein, und wir haben alles angeschaut. Da haben wir eine Kurbel gesehen, und der Vetter Georg hat gewußt, daß man damit einen Strom beliebig stark herauslassen kann, wenn man sie herumdreht. Zu der Kurbel haben zwei Stifte gehört, wo der Strom durchgeflossen ist.

Es ist ein Starkstrom gewesen.

Jetzt ist mir der Elektrowatt eingefallen.

Da haben wir gewettet, wer es am längsten aushalten kann.

Wer es nicht mehr aushält, soll es sagen.

Mein Vetter Georg hat es als allererster ausprobiert. Er hat die Stifte genommen, daß die Spitzen auf den Daumen gelegen sind und hat sich gesetzt und sich hinuntergebückt und verkrampft, damit er viel aushält.

Jetzt habe ich dreißig Volt aufgedreht.

„Das geht leicht", hat der Georg gesagt.

„Du mußt sagen, wenn es dir langt!" habe ich gesagt.

Ich habe weitergedreht und fünfzig Volt eingestellt, und hundert und hundertfünfzig und zweihundert Volt, und er hat sich immer weiter nach unten gebückt und nichts gesagt.

Da ist der Onkel Matthias hereingekommen und hat alles gesehen und ist wie ein geölter Blitz auf den Stecker los und hat ihn herausgerissen und dann den Georg geschüttelt. Der ist ganz blau gewesen. Die Stifte haben sich in die Daumen gebohrt gehabt, und mein Onkel hat geschrien, daß wir uns ja nicht mehr in der Werkstatt blicken lassen, sonst wirft er uns hochkant hinaus, weil wir den Georg fast umgebracht haben.

Dem Georg aber hat es – bis auf die Löcher in den Daumen – weiter nichts geschadet, und er hat erzählt, daß er nichts mehr hat sagen können, obwohl er es gewollt hat, weil ihm der Strom zuviel gewesen ist.

Ich habe gesagt, daß er die Wette gewonnen hat, und wenn ich auch nicht weiß, wieviel Volt es überhaupt im ganzen gibt, aber zweihundert sind auch schon was.

Petersfeuer

Wenn wir Holz gebraucht haben, sind wir immer zum Weißelbaumer seinem Holzmeister, dem Herrn Häusler, gegangen
und haben gefragt, ob wir was bekommen. Er hat immer ja
gesagt, und darum habe ich ein schlechtes Gewissen gehabt,
wenn ich mir etwas geholt habe, ohne zu fragen, weil er
vielleicht nicht dagewesen ist. Zum Beispiel habe ich einmal
ganz schnell Latten gebraucht, weil alle Stelzen gebaut haben,
und der Kirmaier Lenz hat die längsten gehabt, und ich habe
noch längere haben wollen.

Einmal haben wir ein kleines Schiff gebaut und dazu drei
ganz lange und breite Bretter gebraucht, und wir haben sie auch
gleich vom Herrn Häusler bekommen. Das Schiff haben wir mit
dem Leiterwagen zum Inn runter gefahren und haben im Altwasser geübt, weil es leicht gekippt ist, und es ist immer Wasser
hineingelaufen, und nach ein paar Minuten ist es voll gewesen.
Dann haben wir es wieder ausgeleert.

Am Tage von Peter und Paul haben alle Buben immer
gemeinsam Holz für ein Petersfeuer gesammelt und angezündet. Aber diesmal haben der Kommeter Peter und seine Bande
gesagt, daß sie allein eines machen, und wir sollen ja nicht
herkommen, sonst scheiteln sie uns weg. Und wir brauchen
auch kein Holz zu bringen, weil sie auch ohne die paar Stecken
auskommen.

Wir haben uns geärgert, aber dann hat der Kirmaier Lenz
gesagt, wir brauchen die blöden Achtklaßler nicht und machen
selber ein Petersfeuer.

Ich habe gesagt, es muß das größte Petersfeuer werden, das es
überhaupt irgendwo gibt, und wir machen es da hin, wo keiner
von den Großen hinkann und sie uns nicht wegscheuchen
können. Ich habe vorgeschlagen, daß wir es auf dem Inndamm
machen, wo unser Schiff liegt, bei der Innbrücke, und wir
fahren das Holz mit dem Buchner seiner Plätten über das
Altwasser. Und wir sagen niemand, wo unser Feuer ist, sie
sehen es dann schon.

Alle haben zugestimmt, und wir haben gleich beraten, wo wir das Holz herkriegen und wer den Peter macht und wieviele Knallfrösche wir haben.

Der Glaser Maxl hat gesagt, daß er beim Herrn Häusler fragt, ob wir ein Holz kriegen, und der Mader Hans hat versprochen, daß er ein Fuhrwerk bringt und auch noch zehn Reisigbündel für das Lockfeuer.

Die Achtklaßler haben schon einen Tag vorher mit dem Holzholen angefangen, aber wir erst am Vormittag von Peter und Paul.

Ich bin mit zum Herrn Häusler, und der hat gesagt, ganz hinten, wo die Holzstapel ausgehen, ist altes Holz, das dürfen wir uns nehmen, wenn es auch nicht viel ist.

Wir sind mit dem Hans und seinem Fuhrwerk hingefahren und haben geschaut. Da ist aber nur ein wenig halbverfaultes Holz gelegen, was man nicht hat brauchen können. Ich habe gesagt, dieses Holz kann der Herr Häusler nicht gemeint haben, weil er weiß, daß wir es fürs Petersfeuer brauchen, sondern er hat bestimmt den letzten Haufen gemeint.

Der letzte Haufen hat aus lauter langen trockenen Brettern bestanden, alle sauber aufgeschlichtet, und wir haben gleich aufgeladen, daß der Wagen voll gewesen ist. Die Pferde haben den Wagen kaum ziehen können, und wir sind gleich hinten hinaus durch den Waldweg zum Inn, daß der Herr Häusler uns nicht sieht, wenn es vielleicht doch der falsche Haufen gewesen ist.

Wir sind noch zweimal gefahren.

Wir haben einen Holzstoß gehabt wie noch nie.

Auch das Lockfeuer haben wir hergerichtet. Ich muß erklären, wozu man ein Lockfeuer braucht. Wenn man ein Petersfeuer hat, soll es noch brennen, wenn die anderen Feuer rundherum schon verbrannt sind. Darum zündet man ein Lockfeuer an, damit die anderen meinen, es ist schon das richtige, und zünden gleich ihren Haufen an.

Der Kirmaier Lenz hat versprochen, er bringt einen Peter mit zwanzig Knallfröschen darin und hat ihn schon am Nachmittag gebracht. Den Peter haben wir auf eine Stange gebunden und mitten im Holzstoß aufgestellt.

Dann haben wir um ein paar alte Kartoffeln gebettelt und sie in einer Feuergrube gebraten.

Dann haben wir unser kleines Schiff geholt und sind den Inn hinabgefahren.

Wir sind vom Damm abgefahren und unter der Innbrücke hindurch wieder an den Damm. Dann haben wir das Boot innaufwärts gezogen, und der nächste hat fahren dürfen. Das Wasser ist wild gewesen, weil in den Bergen der Schnee geschmolzen ist, und man hat genau in der Mitte vom Boot sitzen müssen, damit es nicht umgekippt ist. Jedesmal nach einer Fahrt ist das Boot fast voller Wasser gewesen.

Leute haben von der Brücke heruntergeschaut und geschimpft: »Ihr Malefizbuben, müßt ihr unbedingt ersaufen! Man soll die Polizei holen! Und einsperren soll man euch!«

Sie sind aber bestimmt nur neidisch gewesen, weil sie nicht haben mitfahren dürfen.

Erst um acht Uhr haben wir unser Lockfeuer angezündet. Es hat schon ein wenig gedunkelt, aber ich habe von einem Lokführer eine lange Wachsfackel gehabt, die hat stundenlang gebrannt, und überall herum haben schon die Lockfeuer gebrannt und auch einige echte Petersfeuer.

Um neun Uhr haben wir unser Feuer angezündet, wie das von den Achtklaßlern auf dem Berg schon fast verraucht gewesen ist.

Es ist ein Feuer geworden, wie ich noch nie eines gesehen habe, außer wie es beim Kreilbauern gebrannt hat. Der trockene Bretterstoß hat eine ganz hohe Flamme gemacht und eine Hitze, daß wir ganz weit weggehen haben müssen. Dann hat der Peter Feuer gefangen und hat ein ums andere Mal geknallt.

Um zehn Uhr sind die Achtklaßler gekommen, aber sie haben nur herüberschauen können, weil die Plätte bei uns am Damm gelegen ist und unser kleines Schiff auch, und sie haben herübergeschrien und wir hinüber. Sie haben gesagt, daß sie auf uns warten, und daß sie uns dann gründlich verdreschen.

Wir haben gewartet bis um elf Uhr, dann sind die Großen wieder abgezogen. Unser Feuer hat immer noch ein wenig gebrannt, und wir haben noch Kartoffeln gehabt und gebraten und bengalische Zündhölzer angezündet und ganz vergessen, wie spät es ist.

Um zwei Uhr nachts bin ich zu Hause gewesen.

Gut, daß ich nicht eher gekommen bin.

Meine Mutter hat gesagt, daß mich der Vater schon um zehn Uhr hat verhauen wollen, und um elf ganz fest, und um zwölf Uhr nachts so, daß ich nicht mehr aufstehen kann. Aber dann sind Vater und Mutter fortgegangen und haben mich gesucht und auch erfahren, wo ich bin. Aber da war ich schon weg, wie sie an den Damm gekommen sind.

Und wie sie mich dann gesehen haben, sind sie froh gewesen, und die Mutter hat geweint und gesagt: »Gott sei Dank, daß du da bist, Bubi!«

Flugversuch

In Wasserstetten ist ein Flugtag gewesen. Ich habe mit meinem Vater zuschauen dürfen und mir fest vorgenommen, daß ich auch einmal ein Flugzeug bauen oder mir ein fertiges kaufen und damit herumfliegen werde, wo ich will.

Um die gleiche Zeit habe ich Bilder aus Zigarettenschachteln gesammelt. Da ist ein Bild dabeigewesen von einem Flieger namens Lilienthal Otto. Der ist mit einem ganz einfachen Gestell einen Berg hinuntergeflogen.

Da habe ich mir im Sägewerk ein paar Dachlatten gebettelt und aus dem Schlafzimmerschrank ein Bettuch genommen und habe auch einen Flugapparat gebaut, wie der Lilienthal Otto einen gehabt hat.

Auf dem Schlittenbergerl habe ich einen Anlauf genommen, und an der steilsten Stelle bin ich weggesprungen. Zuerst habe ich gemeint, daß ich schon richtig fliege, aber dann hat es gleich furchtbar gekracht, und die Latten sind zerbrochen, und das Bettuch ist zerfetzt, und ich habe mir den Fuß verstaucht und lauter blaue Flecken bekommen.

Jetzt habe ich Flugmodelle gebaut.

Wie ich elf Jahre alt gewesen bin, habe ich ein eigenes Zimmer bekommen, da habe ich alles machen dürfen, zum Beispiel in den Schrank Nägel reinhauen für das Werkzeug, und in die Decke Haken hineintreiben, wo ich meine Flugmodelle hinhängen kann.

Für einen Modellwettbewerb habe ich ein besonders schönes Modell gebaut, das hat Libelle geheißen, und es ist ganz prima geflogen, daß ich sofort gewußt habe, ich kriege einen Preis.

Aber beinahe ist es ganz anders gekommen.

Mein Vater hat meine Zimmertür aufgemacht und gefragt, ob ich seinen Meterstab weiß. Ich habe gemerkt, daß er wütend ist und schon sehr zornig, und ich habe nein sagen wollen, aber da hat er den Meterstab schon gesehen und auch, daß er zerbrochen war.

Da ist er jähzornig geworden und hat den Rumpf von meinem Flugzeug genommen und auf den Tisch gehauen, daß die Fetzen geflogen sind.

Ich habe gleich unheimlich geheult und gesagt, daß ich nun morgen nicht mitmachen kann, und es ist alles aus, und meine Mutter ist hereingekommen und hat den Vater geschimpft, und er ist hinausgestapft.

Die Mutter hat gesagt, ich soll einen neuen Rumpf bauen für mein Modell, aber ich habe gejammert, daß es schon abend ist, und morgen früh ist der Wettbewerb, und ich brauche zwei Tage für einen neuen Rumpf.

Nach dem Abendessen ist mein Vater hereingekommen und hat gefragt, wo der Bauplan ist, und hat gleich zu bauen angefangen und gesägt und gemessen und geleimt. Da haben wir beide zusammengeholfen, und bis Mitternacht sind wir fertig gewesen.

Mein Modell ist beim Wettbewerb nicht gut geflogen, aber ich habe trotzdem einen Preis erhalten, nämlich, weil ich das Modell gehabt habe, welches am schönsten gebaut gewesen ist.

Reisen

Weil mein Vater bei der Eisenbahn gewesen ist, haben wir für die ganze Familie Freifahrtscheine erhalten. Wir haben deshalb jedes Jahr eine große Reise gemacht, zum Beispiel nach Trier oder nach Berlin oder nach Hamburg.

Schon ein paar Monate vor der Reise haben meine Eltern über die Fahrt beraten, und meine Schwester hat dann bestimmt, wo wir hinfahren.

Wir haben zwei große rote Pappkoffer gehabt. Meine Mutter hat für jeden Koffer eine Hülle aus braunem Stoff genäht, damit sie immer schön bleiben. Wenn der Vater dann einen Koffer getragen hat, sind die Druckknöpfe von der Hülle aufgesprungen, und er hat sich geärgert.

Zwei Wochen bevor wir abgefahren sind, hat meine Mutter die Koffer vom Schlafzimmerschrank heruntergeholt und hat zu packen angefangen. Jeden Tag hat die Mutter dann den Vater etwas gefragt, vielleicht, ob sie die graue Unterhose auch einpacken soll und auch die gelbe Strickjacke, und ob er glaubt, daß es kalt wird, wegen der Mäntel. Mein Vater hat nur etwas gebrummt und gesagt, er weiß doch heute noch nicht, ob es in vierzehn Tagen schönes Wetter gibt oder nicht. Aber meine Mutter hat gar nicht auf ihn gehört, sondern gleich weitergefragt.

Dann ist der Tag gekommen, wo wir weggefahren sind.

Wir sind mit dem ersten Zug nach München, weil meine Mutter gefürchtet hat, daß wir sonst den Anschluß nach Hamburg versäumen.

Mein Vater hat die Koffer geschleppt und manchmal noch einen Rucksack, meine Schwester hat einen kleinen Koffer getragen, meine Mutter hat zwei Taschen gehabt und ich einen kleinen Rucksack.

Als wir in München aus dem Zug gestiegen waren, hat meine Mutter gleich einen Eisenbahner gefragt, wann der Zug nach Hamburg abgeht.

„Um neun Uhr siebenundzwanzig", hat der gesagt.

„Siehst du", hat meine Mutter zum Vater gesagt. „und du hast uns einen Zug um sechs Uhr neunundfünfzig herausgeschrieben!"

„Der geht nur am Samstag", hat der Eisenbahner erklärt.

„Wissen Sie", hat meine Mutter zu dem Eisenbahner gesagt, „mein Mann ist auch ein Eisenbahner, aber er schreibt stets den verkehrten Zug heraus, und darum müssen wir immer früh daran sein, daß wir einen anderen erwischen, oder wir müssen recht lange warten."

Mein Vater hat gar nichts gesagt, weil es gestimmt hat. Und er hat sich geärgert.

Dann sind wir auf den Bahnsteig gegangen, wo der Zug nach Hamburg abfährt.

„Ist das auch der richtige Bahnsteig?" hat meine Mutter den Vater gefragt.

„Hör doch endlich einmal auf, das ist schon der richtige!" hat der Vater mürrisch geantwortet.

„Ist das der Bahnsteig für den Zug nach Hamburg, bitte?" hat meine Mutter nun einen Reisenden gefragt.

„Ich vertrete mir nur die Füße", hat der geantwortet, „aber ich glaube, der Zug nach Hamburg fährt auf dem Bahnsteig da drüben."

Der Vater hat die Koffer wieder aufnehmen müssen und wir auch unser Gepäck und sind hinüber.

Meine Mutter hat dort gleich einen Eisenbahner gesehen und gefragt und erfahren, daß wir zuerst auf dem richtigen Bahnsteig gewesen sind, aber jetzt auf dem falschen.

Da hat mein Vater die Koffer hochgerissen, und wir sind wieder hinüber. Wir haben das Gepäck neben eine Bank gestellt und uns hingesetzt.

Der Vater hat sich geärgert.

Ich habe gesagt, daß ich Hunger habe und ob ich eine Limonade kriege.

Meine Mutter hat geantwortet, daß ich jetzt noch nichts brauche, aber sie hat mir doch eine Rohrnudel gegeben und einen Tee aus der Thermosflasche.

Wie dann der Zug gekommen ist, haben wir alle unsere Sachen in ein Abteil gelegt und uns hingesetzt, und meine Mutter hat einen Reisenden gefragt, ob das auch bestimmt der Zug nach Hamburg ist.

Der Reisende hat erwidert, daß er es genau weiß, weil er auch nach Hamburg fährt und ein Hamburger ist.

„Das ist schön", hat meine Mutter geantwortet, „weil wir dann schon alles wissen, bis wir nach Hamburg kommen."

Dann hat sie das Fenster aufgemacht und nach dem Fahrdienstleiter geschaut und ihn gefragt, ob er weiß, daß das der Zug nach Hamburg ist.

„Wir sind im richtigen Zug", hat sie dem Hamburger erklärt. „Wissen Sie, mein Mann ist bei der Eisenbahn, und er schreibt uns immer den verkehrten Zug heraus, und einmal sind wir auch schon mit einem falschen gefahren."

„Hast du die Fahrkarten noch?" hat meine Mutter sich an den Vater gewandt.

Der Vater hat jaaa gesagt und die Pfeife angezündet.

„Weißt du, ob wir auch den Schlüssel von der Holzlege in das Regal gelegt haben? Und habe ich das rote Nachthemd eingepackt? Ich glaube, ich habe es liegen lassen. Nimm doch den Koffer herunter und laß mich nachsehen!"

Der Vater hat es getan. Aber er hat sich geärgert.

Bis Hamburg hat meine Mutter allen Reisenden im Abteil erzählt, daß mein Vater ein Eisenbahner ist und wir nach Hamburg fahren und sparen müssen, und daß meine Schwester ins Lyzeum geht und ich später die Oberrealschule besuchen soll, und daß wir in Hamburg nur zwei Tage bleiben können, weil das Geld nicht länger reicht.

In Hamburg haben wir uns vor dem Bahnhof auf eine Bank gesetzt und haben Brotzeit gemacht.

Dann haben wir uns zum katholischen Hospiz durchgefragt zum Übernachten. Der Vater ist zum Eisenbahnerheim am Bahnhof zurückgegangen, und meine Mutter hat gesagt, er soll aufpassen, daß er sich nicht verläuft und kein Geld verliert, und daß er um sieben Uhr früh wieder da ist.

Die Ordensschwester hat mich gesehen und hat gesagt, daß nur Frauen und Mädchen hier übernachten dürfen und keine Männer über sechs Jahre.

Aber meine Mutter hat lange gebettelt, weil der Bubi doch erst sieben ist und bei ihr bleiben möchte, und schließlich habe ich ein Bett am Ende vom Gang erhalten und bin mit einer Wand verdeckt worden.

In Hamburg haben wir alles angeschaut, was es gibt, und meine Mutter hat viele Leute gefragt, damit wir nichts übersehen, und im Hafen sind wir mit dem Schiff gefahren und haben einen Ozeandampfer besichtigt, und ich habe mich darin verlaufen, weil ich den großen Motor gesucht habe.

Auf einer Bank an der Alster haben wir unser Brathendl ausgepackt und zu Mittag gegessen. In ein Wirtshaus sind wir nie gegangen, weil wir das Geld für eine Hafenrundfahrt gebraucht haben oder für eine Limonade, und wir haben auch immer alles dabei gehabt.

Meine Mutter hat nie laut gesprochen oder stark geschimpft, sondern immer nur milde, aber sie hat eine gute Ausdauer gehabt, und alle haben dann gerne getan, was sie gewollt hat.

Einmal zum Beispiel sind wir auf Reisen zu einem Kriegerfriedhof im Elsaß gekommen, da habe ich mich zum Fotografieren auf eine Kanone stellen müssen und meine Schwester auch und meine Mutter daneben. Da ist ein französischer Polizist gekommen und hat protestiert, daß das ein Denkmal ist, wo sich niemand hinaufstellen darf, aber meine Mutter hat ihm zugeredet und immer wieder was gesagt, und am Schluß hat er die Augen verdreht und ist ganz freundlich gewesen und hat den Apparat genommen und geknipst, damit mein Vater auch noch die Kanone besteigen kann und auf das Bild kommt.

Wie ich dreizehn Jahre alt gewesen und schon auf die Oberrealschule gegangen bin, habe ich allein fortfahren dürfen. Einmal bin ich bis nach Köln gereist.

Meine Mutter hat mir den Rucksack und ein Einkaufsnetz ganz voll gepackt mit Rohrnudeln, Semmeln, Wurst, Kuchen und Äpfeln. Dann hat sie mir Postkarten gegeben, wo schon die Adresse draufgestanden ist und auch schon herzliche Grüße, und ich habe nur noch den Ort hinschreiben brauchen, wo ich bin, und jeden Tag eine Karte in den Postkasten werfen.

Um den Hals habe ich eine Schnur gehabt mit einem kleinen Lederbeutel daran, und darin sind fünf einzelne Mark gewesen, denn ich habe fünf Tage ausbleiben wollen.

Dann bin ich weggefahren.

Zuerst bin ich nach Mainz gereist. Da bin ich am Rhein entlang gelaufen und habe die Schiffe angeschaut. Ein Autofahrer hat mich mitgenommen nach Bingen.

In Bingen habe ich einen Eisenbahner gefragt, ob es für mich nicht ein Übernachtungsheim gibt, weil mein Vater auch ein Eisenbahner ist. Ich habe bleiben dürfen, und es hat nichts gekostet.

Am anderen Tage habe ich geschaut, wie die Schiffe rheinaufwärts und rheinabwärts gefahren sind und wie die Leute gewinkt haben.

Das Wetter ist schön gewesen, und die Sonne hat geschienen, und ich habe mir gedacht, daß es im Zug nicht so interessant ist wie auf einem Schiff, und ich muß schauen, wie ich auf eines hinaufkomme, ohne daß ich zahlen muß.

Wieder ist ein Schiff an den Anlegesteg gefahren. Die Leute sind ausgestiegen, und andere haben auf das Einsteigen gewartet. Eine Frau hat einen Koffer neben sich stehen gehabt, und sie hat sehr fein ausgesehen. Da bin ich hin und habe gefragt, ob ich den Koffer auf das Schiff tragen darf.

Ich habe es tun dürfen.

Die Frau hat zu dem Kontrolleur gesagt, dieser Bayernseppl hilft ihr nur sehr freundlich den Koffer tragen. Auf dem Schiff hat sie mir dann fünfzig Pfennig gegeben, und ich bin sofort ganz vor zur Spitze vom Schiff gelaufen, wo die Leute dicht gestanden sind, und habe mich zwischen den Reisenden versteckt.

Bald habe ich mich wieder herausgetraut und bin auf dem Schiff spazierengegangen und immer weiter gefahren. Ich habe die vielen Burgen gesehen und gedacht, heimzu schaue ich mir eine an.

Dann ist es passiert.

Ein Kontrolleur ist auf mich zu, das ist ein Mann mit einer

blauen Uniform gewesen, und er hat mich nach meiner Karte gefragt. Ich habe gesagt, daß ich einer Frau den Koffer auf das Schiff getragen habe und nicht mehr heruntergekommen bin. Da hat der Mann gelacht und gesagt, das kennt er schon, und ich soll zahlen. Ich habe gesagt, daß ich überhaupt kein Geld habe, weil ich auf einer Reise bin und habe verschwiegen, daß ich noch vier Mark fünfundsechzig in meinem Geldbeutel um den Hals hängen habe.

Da hat er die Stirn gerunzelt und gesagt, wenn das Schiff anlegt, muß ich aussteigen, weil ich ein Schwarzfahrer bin. Die nächste Station ist aber Köln gewesen, wo ich hin gewollt habe.

In Köln bin ich zwei Tage geblieben. Das schönste sind der Kölner Dom und eine Frau gewesen, die mich am Rhein fotografiert hat, weil ich ein echter Bayer bin mit einer Lederhose und einem „Hütebubenkäppi", und mir eine Mark gegeben hat.

Mit einem Lastwagen bin ich von Köln nach Bacherach gefahren. Der Lastwagenschofför hat mir sogar eine Brotzeit und ein Bier gestiftet.

In Bacherach habe ich in die Jugendherberge wollen. Die ist sehr schön gewesen, nämlich eine große Burg mit Fahnen und einem Rittersaal und Rüstungen und vielen Jugendlichen, aber mit keinem Platz mehr für mich.

Weil es schon spät abends gewesen ist, bin ich einfach die Straße entlang marschiert und in einen Wald gekommen zu einem Försterhaus. Da habe ich gefragt, ob ich bleiben darf, und ich habe im Keller auf einer Matratze geschlafen. Die Försterin ist eine dürre Frau gewesen mit einer spitzen Nase, und sie hat mir am anderen Morgen keinen Kaffee gegeben, sondern hat mir fünfzig Pfennig für das Übernachten abgenommen.

Das hat mich geärgert, weil es mein letztes Geld gewesen ist.

Beim Heimfahren habe ich fest Hunger gehabt und noch alle Postkarten, aber auch eine schöne Reise und mich gefreut auf das nächste Mal.

Geigenspiel

Einmal hat es auf Weihnachten eine ganz große Überraschung gegeben. Wie der Christbaum gebrannt hat und die Bescherung vorbei gewesen ist und wir schon unsere Spielsachen angeschaut haben, ist auf einmal ein Krach losgegangen. Eine Musik hat ganz laut einen Marsch gespielt, weil der Vater nämlich ein Grammophon bekommen hat und drei Platten dazu.

Die eine Platte hat immer „Die Mühle im Schwarzwald" gespielt. Sie ist am schönsten gewesen, wenn man das Grammophon nicht ganz aufgezogen hat, sondern erst unter dem Spiel. Dann hat die Musik erst ganzt tief begonnen und ist dann plötzlich schneller geworden und höher und immer höher. Die andere Platte hat ein Lied von einem Wildschütz gespielt, der zwanzig Jahre alt gewesen ist oder achtzig. Und die dritte Platte hat „Großmütterchen" geheißen, und die Mutter hat nasse Augen bekommen, wenn sie gespielt hat.

So hat es angefangen, daß wir musikalisch geworden sind.

Einmal sind wir beim Gsederer eingeladen gewesen, weil die auch ein Mädchen gehabt haben wie meine Schwester, und die hat auf der Zither spielen können. Es ist grausam langweilig gewesen, weil sie eine Stunde lang die Saiten gezupft hat, aber die Erwachsenen haben gesagt, daß es schön ist und daß die Gsederer Maria eine kleine Künstlerin ist, und wie fein es ist, wenn junge Mädchen ein Instrument spielen können.

Mein Vater hat erzählt, daß wir Grammophonplatten haben und daß meine Schwester auch Zither spielen lernen soll. Da sind alle ganz begeistert gewesen, und meine Schwester hat gesagt, sie freut sich riesig, und mein Vater hat versprochen, daß er in unserem Garten ein Gartenhaus baut mit Lampions, wo wir dann abends Hausmusik machen können und schön beisammensitzen.

Die Frau Gsederer hat gemeint, daß sie einen Kuchen mitbringen wird und eine Flasche Wein, weil sie ihn selber macht aus Hagebutten, und dann ist auch alles so gekommen.

Aber in dem Gartenhaus sind wir nur ein einziges Mal mit den Lampions gesessen, weil sich die Gsederer Maria und meine Schwester immer zerstritten haben, und in der Gartenlaube ist es kalt gewesen, oder die Mücken haben uns gestochen und vielleicht auch, weil die Gsederer Maria besser gezithert hat.

Wie ich ungefähr sieben Jahre alt gewesen bin, sind ich und meine Eltern einmal beim Glaser Maxl und seinen Eltern zu Besuch gewesen. Der Herr Glaser hat gesagt, daß sein Sohn Max die Geige spielen kann und daß er uns jetzt etwas vorspielt.

Meine Eltern haben erwidert, daß sie sich sehr darüber freuen, weil ihre Tochter auch ein Instrument spielt, und der Maxl hat seine Geige holen müssen und den Notenständer und die Noten und hat gefiedelt.

Es hat mir recht gut gefallen, wie der Maxl mit dem Geigenbogen auf- und abgefahren ist, und er hat auch „Großmütterchen" spielen können, und meine Mutter ist gerührt gewesen und hat gesagt, wenn das unser Bubi auch könnte, wäre das schön, und er könnte dann mit seiner Schwester zusammen musizieren.

Ich habe gesagt, daß ich das schon möchte, und der Herr Glaser hat meinen Eltern erklärt, daß er es einrichten kann, daß ich Stunden erhalte, zusammen mit dem Maxl, und vielleicht nur für fünfzig Pfennig beim Gruber, weil er ihn gut kennt, und daß er der Kapellmeister von der Blechmusik ist und selber Geige spielt und Posaune und Trommel.

Bald darauf habe ich meine erste Violine in der Hand gehabt, eine Dreiviertelgeige aus braunem Holz in einem schönen schwarzen Kasten. Die Großmutter hat auch mitbezahlt gehabt, weil sie fast nicht gebraucht gewesen ist und gleich achtzehn Mark gekostet hat.

Ich habe beschlossen, daß ich ein berühmter Geigenspieler werde, und habe ganz fleißig geübt. Der Gruber hat mir gezeigt, wie man es macht, und ich habe ein A spielen dürfen. Es hat ganz grausig getan, und er hat gesagt, ich soll nicht quetschen und nicht rucken und den Bogen nicht so drücken, weil es doch zuerst nur leere Saiten sind und ganz leicht. Ich habe halbe und ganze Noten gespielt, alle ganz lang, und auch die D-Saite und die E- und die G-Saite.

Schön hat es nicht geklungen.

Aber ich habe fest geübt zu Hause und auch einmal die Saiten heruntergenommen und geschaut, wie man sie wieder hinaufmacht. Den Geigenbogen habe ich fest mit Kolophonium eingerieben, weil dann die Geige unter den Saiten weiß wird und echter ausschaut.

Nach einem Jahr habe ich nicht mehr geigen wollen, weil ich nichts Gescheites zusammengebracht habe. Aber die Mutter hat bestimmt, daß ich weitermachen muß, und ich habe weitergemacht und nach einem Jahr das „Großmütterchen" spielen können. Meine Mutter hat vor Freude geweint, und meine Schwester hat gesagt, das ist auch zum Weinen, weil es so grausig tut.

Ich habe wieder aufhören wollen, aber jetzt hat der Vater gesagt, er kauft mir eine größere Geige, und ich muß fest üben, weil er das Geld nicht zum Fenster rausschmeißt.

Dann bin ich in die Oberrealschule gegangen.

Bald hat meine Mutter gemeint, daß ich zum Schulorchester gehen soll, und sie möchte mich im Hofersaal auf der Bühne spielen sehen. Sie hat den Musikprofessor Hiebl gebeten, und der hat mich aufgenommen und gesagt, daß ich viel üben muß, weil ich noch recht schlecht spiele für so viele Jahre.

Um diese Zeit haben wir den Buchmaier Willi kennengelernt und seine Eltern, weil der Willi in meine Klasse gekommen ist und auch im Schulorchester gespielt hat, und der Vater vom Willi ist auch bei der Eisenbahn gewesen.

Der Buchmaier Willi ist mir gleich ganz unsympathisch gewesen.

Der Professor Hiebl hat mich die zweite Geige spielen lassen. Immer, wenn im Orchester etwas falsch geklungen hat, hat er gleich gerufen „Falsch! Solo spielen!", und er hat auf mich gedeutet. Dann habe ich allein spielen müssen, und meistens ist das auch falsch gewesen. Ich weiß nicht, wie er aus den vielen, die gespielt haben, immer herausgehört hat, daß ich falsch spiele.

Ich glaube, er hat mich nicht mögen.

Dann ist die Aufführung für die Schulschlußfeier für die Abiturienten gewesen. Ich habe auf dem Podium gesessen, und meine Mutter ist unten im Saal gewesen und hat zugeschaut und zur Frau Buchmaier gesagt, daß sie sich freut, weil ihr Bubi jetzt schon im Schulorchester spielt.

Ich habe aber nicht gespielt.

Der Herr Professor Hiebl hat den Taktstock genommen, und alle haben angefangen, aber ich bin gleich drausgekommen und habe nicht mehr gefunden, wo die anderen sind. Darum bin ich mit dem Geigenbogen nur auf- und abgefahren und habe zu den Noten geschaut.

Am Schluß hat der Herr Professor Hiebl gesagt, daß er froh sei, daß ich nicht alles umgeschmissen habe, und daß er diesmal mit mir zufrieden ist.

Und meine Mutter hat gestrahlt und gesagt, daß sie mich gut gehört hat und es sehr schön gewesen ist, und sie freut sich auf das nächste Konzert.

Es hat aber für mich kein nächstes Konzert gegeben.

Der Herr Professor Hiebl hat bald gesagt, daß ich keine Fortschritte mehr mache und er mich nicht mehr brauchen kann. Darum habe ich in der Schule keine Stunden mehr gekriegt und bin nicht mehr beim Schulorchester gewesen.

Meine Mutter ist sehr traurig gewesen und hat geschimpft, ich soll mir am Buchmaier Willi ein Beispiel nehmen, wie schön der spielt und wie fleißig der übt, und er kann sogar schon das Tremolo, sagt seine Mutter, und die Lagen auch. Und er bekommt sogar beim Professor Faust aus München Unterricht, und sie hat mich auch bei ihm angemeldet, und die Stunde kostet drei Mark.

Das ist ganz unverschämt viel gewesen, aber der Professor hat gesagt, daß er eigens von München kommt und wir die drei Mark auch zahlen müssen, wenn ich einmal nicht da bin, weil er nicht umsonst fahren mag. Das war gelogen, denn er ist immer

den ganzen Nachmittag dagewesen und hat viele Schüler gehabt und immer gleich zwei auf einmal.

Beim Professor Faust ist es mir nicht besser gegangen. Er hat mich verklagt, daß ich kein guter Schüler bin und ihm viel Arbeit mache.

Ich habe nicht mehr spielen wollen, weil der Buchmaier Willi mir immer als Vorbild hingestellt worden ist, und der hat ganz hinterlistig getan und hat extra gut gespielt, daß ich mich ärgere und meine Mutter auch.

Da habe ich es anders probiert.

Ich habe meiner Mutter gesagt, daß ich nicht mehr spielen will, weil ich überhaupt keine gute Geige habe, und der Buchmaier Willi hat eine, die ist viel besser, nämlich eine mit einem Löwenkopf.

Ich habe geglaubt, daß ich jetzt aufhören kann, weil eine neue Geige mit einem Löwenkopf recht teuer gewesen ist und mein Vater im Monat nur hundertzehn Mark verdient hat.

Aber ich habe mich getäuscht gehabt.

Ich habe auf Weihnachten von den Eltern und auch von der Großmutter eine neue Violine bekommen und keinen Rennschlitten, wie ich einen gebraucht hätte.

Da habe ich etwas Neues ausprobiert. Ich bin in die Stadt zur Violinstunde gefahren, wie wenn nichts ist, und habe den Weger Muck, der mit mir gelernt hat, die drei Mark mitgegeben, und er hat sie dem Professor Faust überreicht und gesagt, daß ich krank bin.

Das habe ich ein halbes Jahr lang gemacht, dann ist alles anders geworden.

Der Huber Walter aus meiner Klasse hat eine Ziehharmonika aus silbernem Blech gehabt. Ich habe gemeint, daß das viel leichter geht und man mit der Ziehharmonika schnell ein berühmter Musiker wird, und habe mit ihm meine Geige gegen seine Ziehharmonika getauscht.

Da ist es aus gewesen.

Der Vater hat es gleich gemerkt und unheimlich geschimpft, daß er sich wegen meiner Geigerei keine Zigaretten leisten kann, und es langt ihm, und ich muß die Instrumente umtauschen, und Schluß und Kruzitürken, und es gibt keinen Violinunterricht mehr für mich.

Da bin ich froh gewesen.

Fahnenträger

Die Oberrealschule hat eine neue Schulfahne bekommen, und die ist feierlich eingeweiht worden.

Es ist eine eigene Schulfeier gehalten worden mit Liedern und einer Musik, und die Schüler von den oberen Klassen haben ein Spiel aufgeführt.

Wir sind alle in die Turnhalle einmarschiert, wo schon auf dem Boden für jede Klasse ein Platz aufgezeichnet gewesen ist, auf den sich die Schüler haben hinstellen müssen. Vorne sind Stühle gestanden für den Lehrkörper und ein Ledersessel für den Direx und einer für den Herrn Pfarrer, der die Fahne geweiht hat.

An der Spitze von dem Einzug in die Turnhalle ist der Fahnenträger marschiert.

Der Fahnenträger bin ich gewesen.

Die Fahnenweihe hat lange gedauert.

Endlich ist der feierliche Augenblick dagewesen, wo die Fahne geweiht werden soll.

Ich habe die ganze Zeit steif und still neben dem Podium stehen müssen, und plötzlich ist mir schlecht geworden. Die Leute haben sich vor meinen Augen gedreht, und ich habe alles ganz komisch gesehen, und es ist dunkel geworden.

Der Direktor hat gerade eine Rede gehalten, die gar nicht mehr aufgehört hat, und er hat gesprochen von dem Symbol der Einigkeit und des Fleißes, und er hat auf mich gedeutet und mit lauter Stimme gerufen: „Und darum sollen die Schüler stets an ihre Pflicht denken, wenn sie hinaufsehen zu unserer neuen Fahne!"

Bei diesem Ruf bin ich mit der Fahne umgefallen und habe nichts mehr gewußt, bis ich den Hausmeister gesehen habe, der mir ein Glas Wasser gegeben hat.

Hochwasser

Beim Kaufhaus Korner ist im Schaufenster eine solche Bohrmaschine gelegen, wie ich eine gebraucht hätte. Es ist eine Bohrmaschine mit einem roten Griff gewesen und einer Kurbel und einer Zahnradübersetzung. Sie hat zwei Mark und fünfundzwanzig Pfennig gekostet, und ich habe lange sparen müssen, bis ich das Geld zusammengehabt habe. Aber im Herbst habe ich Eicheln geklaubt und zweieinhalb Zentner an den Förster verkauft. Da habe ich viel Geld gehabt, und vor der Schule bin ich gleich zum Korner und habe die Bohrmaschine geholt und einen 4-mm-Bohrer.

Wie ich um dreiviertel acht in der Schule gewesen bin, habe ich die Bohrmaschine herumgezeigt, und alle haben gesagt, das ist eine prima Bohrmaschine, und sie geht bestimmt gut.

Der Bodenwart Richard hat gesagt, wir müssen sie gleich ausprobieren, denn wenn sie nicht gut geht, kann man sie umtauschen und sonst nicht mehr. Das ist richtig gewesen, und wir haben geschaut, wo wir die Bohrmaschine ausprobieren können.

Wir haben in eine Bank Löcher gebohrt, aber der Richard hat gesagt, es muß Eisen sein, weil man mit Holz nicht feststellen kann, ob eine Eisenbohrmaschine geht.

Die Einfassung von der Wandtafel hat auch nichts getaugt, weil sie nur aus Blech gewesen ist.

Der Richard hat gesagt, wir müssen es an der Dampfheizung ausprobieren, das ist ein Gußeisen, das weiß er von zu Hause, weil sein Vater Heizkörper verkauft. Alle haben gleich bohren wollen, aber ich habe selber angefangen und nur den Richard und den Stemmer Karli bohren lassen, weil das meine besten Freunde gewesen sind.

Die Dampfheizung ist ziemlich dick gewesen. Aber die Bohrmaschine hat gut gebohrt, und der Karli hat es geschafft. Der Bohrer ist in das Eisen gerutscht, und wie der Karli angezogen hat, ist er herausgegangen, und gleich ist in weitem Bogen ein Wasserstrahl aus dem Loch geschossen, und auf dem Boden ist eine Wasserlache entstanden, die immer größer geworden ist.

Wir haben uns gewundert, daß in einer Dampfheizung kein Dampf ist, sondern nur Wasser.

Der Karli hat den Finger auf das Loch gehalten.

Es ist schon gleich acht Uhr gewesen, und es hat pressiert. Der Richard hat sein Taschenmesser herausgeholt und einen Keil von einer Bank geschnitten und einen Pfropfen daraus gespitzt. Den Pfropfen hat er in das Loch gesteckt, und ich habe die Bohrmaschine in meine Schultasche getan, und der Greger Toni hat mit dem Schwamm den See aufgewischt.

Jetzt sind wir alle gleich an unsere Bank gegangen.

Aber der Richard nicht.

Er hat einen dicken Zwirnsfaden an den Pfropfen gebunden; dann hat er sich in seine Bank gesetzt. Sie ist ziemlich neben der Dampfheizung gewesen.

Um acht ist der Platti gekommen, weil wir bei ihm Mathematik gehabt haben. Wir haben ihn gegrüßt, und er hat gesagt „Setzen!" und wir haben eine x-Rechnung aufschreiben müssen.

Da hat der Richard an dem Zwirnsfaden gezogen.

Dann hat er gesagt: „Herr Professor, schauen Sie bitte hierhin! Die Dampfheizung scheint ein Loch zu haben, vielleicht ist sie durchgerostet."

Der Richard hat sehr gut hochdeutsch reden können, und nie hat es einer gemerkt, wenn er von ihm bloß ausgespottet worden ist.

Der Platti hat gleich das Wasser gesehen, weil es schon nach vorn gelaufen ist, und er hat gesagt: „Äh, das ist tatsächlich wahr, äh, da muß ein Loch sein, äh, weil Wasser herauskommt. Was können wir nur tun?"

Der Richard hat gesagt: „Herr Professor, ich kann mit dem Finger das Loch zuhalten, damit nicht weiterhin ein Wasser auf den Fußboden strömt."

Der Platti hat mit dem Kopf genickt. „Tu das, äh, Bodenwart, tu das! Und du, äh, Greger, du holst den Hausmeister!"

Der Greger hat den Pudel geholt, und wir haben gedacht, daß wir heute nicht rechnen brauchen, weil wir Hochwasser haben. Aber der Hausmeister hat gleich gemerkt, daß das Loch nicht hineingerostet gewesen ist, sondern gebohrt.

Er hat geschrien, daß wir Saboteure sind, und daß er gleich den Direktor holen muß, und er ist hinaus und hat ihn geholt.

Der Direktor ist immer blau geworden im Gesicht, wenn er sich aufgeregt hat. Jetzt ist er ganz dunkelblau gewesen und hat gerufen, daß er keine Gnade kennt und den Spitzbuben erwischen wird, der den Bohrer hat, und daß alle durchsucht werden.

Wir haben uns alle nach hinten an die Wand stellen müssen, und der Direktor, der Platti und der Pudel haben jeden von uns durchsucht, und dann haben sie alle Mappen und in den Bänken nachgesehen, und sie haben nichts gefunden.

Da hat der Direktor gesagt, daß das unmöglich ist und daß nochmals alles durchsucht werden muß, und wenn es bis Mittag dauert, und die ganze Klasse bekommt einen Direktoratsarrest, und der Spitzbube fliegt aus der Schule.

Da ist der Richard vor den Direktor hingetreten und hat gesagt:

„Herr Direktor, darf ich Ihnen über diesen Vorgang aufklären. Es ist ganz anders, als Sie denken, aber der Herr Hausmeister ließ mich nicht reden, sondern ist gleich hinausgestürzt, und Sie, Herr Direktor, haben mich nicht beachtet, als ich mich meldete. Das Loch in der Dampfheizung ist sicher schon seit gestern oder noch länger vorhanden. Es war nur zugestöpselt. Sehen Sie, Herr Direktor, ich habe den Stöpsel gefunden. Der Wasserdruck wird ihn herausgedrückt haben. Und in diesem Klassenzimmer sind an den letzten Vormittagen auch andere Klassen gewesen, und außerdem ist es nachmittags der Aufenthaltsraum für die Fahrschüler."

Der Direktor ist blaß geworden und hat zum Platti gesagt, daß das eine Erklärung sein könnte, und er dankt dem Schüler, der einen so wohlerzogenen Eindruck macht, und er wird andere Spuren verfolgen und den Übeltäter bestimmt finden.

Dann ist er mit dem Pudel gegangen, der hat aber zuerst den Pfropfen wieder in das Loch stecken müssen.

Bei der Durchsuchung hatte ich furchtbare Angst gehabt, und wie ich dann an meinen Platz zurückgegangen bin, ist die Bohrmaschine nicht mehr in meiner Mappe gewesen. Ich habe gedacht, das gibt es nicht, weil die Mappe auch durchsucht worden war, aber in der Pause hat mir der Bodenwart Richard die Bohrmaschine gegeben und gesagt, nachdem der Direx, der Platti und der Pudel ihn durchsucht gehabt haben, ist er auf dem Bauch unter den Bänken nach vorne gekrochen und hat die Bohrmaschine geholt. Das hat keiner gemerkt, weil alle so genau gesucht haben.

Der Direktor hat keine anderen Spuren gefunden und auch keinen Übeltäter.

Die Prozession

Unser Deutschlehrer hat sich Schranner geschrieben und Josef. Er hat keinen richtigen Spitznamen gehabt, sondern hat nur der Schranner Seppe geheißen, aber ich habe ihm einen erfunden.

Alle unsere Professoren haben einen Spitznamen gehabt, zum Beispiel der Amor.

Wie ich einmal zum Herrn Oberstudienrat Plasser zu Besuch gekommen bin, weil ich seinen Sohn gut kenne, hat er mich gefragt, warum eigentlich der Herr Professor Leipfinger der Amor heißt. Ich habe gesagt, daß ich das nicht sagen kann, weil es nicht schön ist, und weil man es auch ganz anders schreibt, als man es spricht, nämlich mit H.

Der Herr Oberstudienrat hat aber gesagt, ich darf es ruhig erzählen, weil er es wissen möchte, und weil er die Spitznamen von allen seinen Kollegen kennt. Da habe ich ihm gesagt, daß der Herr Professor Leipfinger einen ganz runden Kopf hat und keine Haare und einen großen Mund, und deshalb haben wir ihn den A . . . mit Ohren genannt, was aber abgekürzt Amohr ist.

Der Herr Oberstudienrat Plasser hat nur gelacht und gesagt: „Das ist zwar lustig, aber schon ein wenig frech."

Ich muß aber jetzt vom Schranner Seppe reden und sagen, wie er gewesen ist.

Er ist immer wie ein Wilder zur Tür hereingestürzt und hat sie aufgerissen und blitzschnell zugemacht, und wir sind aufgesprungen und haben gegrüßt. Dann hat er gesagt „Setzen!" und „Kollmann, geh an die Tafel! Nimm die Kreide! Schreibe!" Und nachher hat er befohlen: „Lege die Kreide hin! Geh an den Platz! Setz dich!"

Wenn einer was gemacht hat, vielleicht bloß Gummifäden mit Reißnägel auf die Bank gespannt und Töne gezupft, dann ist der Schranner Seppe ganz giftig auf ihn los und hat mit den Fäusten auf seinen Kopf gedroschen. Aber wenn man schnell unter die Bank geschlüpft ist, hat er nur mit aller Kraft auf die

Bankplatte gehauen, bis ihm die Knöchel weh getan haben, und ist wieder nach vorne.

Weil er immer die Tür so rasch auf- und zugemacht hat, haben wir nachgedacht, was wir unternehmen können.

Dann ist uns etwas eingefallen.

Wir haben gewartet, bis der Schranner Seppe einmal nicht gleich dagewesen ist, wie die Stunde vor ihm aus war, und haben die Tür ausgehängt und sie wieder genau hingelehnt.

Dann ist der Schranner Seppe gekommen.

Er hat die Tür aufgerissen.

Es hat gescheppert, und die Tür ist ihm an den Kopf geflogen.

Der Bodenwart Richard hat gleich geholfen und die Tür gehalten und hat gefragt, ob es weh tut und ob er den Hausmeister holen soll. Der Schranner Seppe hat sich den Kopf gehalten und hat ja gesagt.

Wie der Pudel dagewesen ist, hat er ihn angebrummt, er versteht es nicht, wie die Tür herausspringen kann, und er kann es nicht erklären.

Wir hätten es schon erklären können, aber wir haben es nicht getan.

Einmal hat der Schranner Seppe etwas ganz Langweiliges aus dem Schiller vorgelesen, und da habe ich Zeit gehabt, daß ich die Spiegelschrift übe. Ich habe gewußt, daß der Leonardo da Vinci alles in Spiegelschrift geschrieben hat, und ich habe es auch tun wollen.

Weil es aber so schwer gewesen ist, habe ich nur probiert, wie es ist, wenn man alles von hinten schreibt.

Ich habe meine Mitschüler alle verkehrt geschrieben.

Zuerst den REBE OTTO. Der hat auch umgekehrt fast genauso ausgeschaut, nämlich EBER OTTO.

Dann der PERTL ERNST. Den hat man gar nicht mehr erkannt, weil er umgekehrt LTREP TSNRE geheißen hat.

Dann habe ich auch dem Professor Schranner seinen Namen umgedreht. Das ist so lustig gewesen, daß ich laut habe lachen müssen. Da ist er auf mich zu und hat geboxt, aber bloß auf die Bank, weil ich getaucht bin.

Gut, daß er nicht gesehen hat, daß ich RENNARSCH auf einen Zettel geschrieben gehabt habe.

So heißt nämlich der Schranner Seppe, wenn man ihn umdreht.

Alle haben sich über den Spitznamen gefreut, den ich erfunden gehabt habe, und gleich hat er überall so geheißen.

Einmal hat der Bodenwart Richard gesagt, er weiß etwas. Wir haben ihm zugehört und gesagt, daß wir es machen.

Wie die Pause ausgewesen ist, sind wir alle in den Abort hinausgegangen, nur der Zenz hat im Putzkammerl gegenüber dem Schulzimmer aufgepaßt, weil da eine Glasscheibe in der

Tür gewesen ist, wo man alles gesehen hat und er uns hat winken können. Der Richard hat im Abort schon alles hergerichtet gehabt.

Dann ist der Schranner gekommen. Er hat die Schulzimmertür aufgerissen und ist hineingestürmt. Dann ist er wieder herausgegangen, weil niemand drin gewesen ist. Er hat auf die Tür geschaut, ob „4a" daraufsteht.

Es ist darauf gestanden.

Dann hat er auf die Uhr geschaut und einen Stundenplan herausgenommen und studiert, ob er jetzt in die 4a muß.

Es hat auch gestimmt.

Da ist es angegangen.

Wir sind ganz langsam aus dem Klo herausmarschiert, immer zu zweien, der Bodenwart Richard voraus mit dem Schrubber in der Höhe, und ich habe einen Eimer gehabt und mit der Klobürste gespritzt, und der Kiendl Norbert hat eine Schaufel getragen mit Papier darauf, welches gebrannt hat, und er hat es geschwenkt.

Der Rennarsch ist hinter uns in das Schulzimmer gegangen und ist vorne stehen geblieben. Wir sind um alle Bänke prozessiert, und dann sind wir wieder ins Klo zurück und dann in die Klasse.

Der Rennarsch hat furchtbar geschimpft, aber dann hat er plötzlich aufgehört und gesagt, daß es gar nicht wert ist, wenn man eine solche gemeine Bande schimpft, und im Zeugnis werden wir es dann sehen.

Im Zeugnis ist aber von der Prozession nichts gestanden.

Es stinkt

In unserem Schulzimmer ist in der Wand das Loch von einem Dunstkamin gewesen mit einem Blechgitter davor. Der Dunstkamin hat Verbindung mit dem Abort im Erdgeschoß gehabt, aber es hat nie herausgerochen, sondern bloß einmal.

Das ist in der Stunde vom Platti gewesen.

Es hat nicht stark gestunken, aber so ein bißchen, daß man es gemerkt hat, wenn man fest geschnüffelt hat.

Der Bodenwart Richard hat fest geschnüffelt.

Dann hat er die Augen verdreht und die Luft angehalten, daß er blaß geworden ist, und hat mit ganz schwacher Stimme gerufen:

„Herr Professor, mir ist schlecht, weil es übel riecht!"

Der Platti ist gleich zu ihm hin, und der Richard hat sich auf die Bank sinken lassen. Ich habe gefragt, ob ich den Hausmeister holen darf, damit er den Dunstkamin abdichtet, weil es da immer herausriecht und uns schon oft schlecht geworden ist.

Der Platti hat gesagt: „Äh, gehst halt hin und, äh, helft dem Bodenwart an das Fenster, damit er frische Luft bekommt!"

Ich bin gleich zum Pudel gelaufen, während die anderen den Richard zum Fenster geschleppt haben. Der Pudel hat gerade mit dem Direx geredet, und der Direx hat mich gefragt, was los ist. Ich habe ihm alles gesagt, und dann sind beide mit mir zum Klassenzimmer gegangen.

Der Direx hat seine Nase an das Gitter gehalten und gesagt, er merkt auch, daß es da riecht, und der Pudel hat es auch gerochen und hat vorgeschlagen, daß man da zumachen muß.

Er ist gleich wieder hinaus und ist mit einem Pappendeckel und mit Hammer und Nägeln zurückgekehrt. Inzwischen ist der Richard wieder zu sich gekommen, weil er den Direktor gehört hat. Er hat sich aufgerichtet und gesagt:

„Bitte, entschuldigen Sie, Herr Direktor, daß ich Ihnen eine Mühe mache, aber mir ist zur Zeit leicht übel, und meine Mutter meint, daß es an meinem Wachstum liegt."

Der Herr Direktor hat geantwortet, der Bodenwart soll nach

Hause gehen und sich gut erholen. Dann hat er dem Pudel den Hammer aus der Hand genommen und auch einen Nagel hineingeschlagen, aber krumm, und daneben hat er auch getroffen.

Eine Woche nach diesem Ereignis haben wir Chemie gehabt beim Schorschi. Der Schorschi ist ein Lehrer gewesen, den alle mögen haben und dem wir nie etwas angetan haben, weil er alles gemerkt hat, und er hat nicht geschimpft oder sich geärgert, sondern bloß gelacht.

Wir haben Eisenpulver mit Schwefel vermengen und daraus mit einem glühenden Draht Schwefeleisen herstellen müssen. Dann haben wir das Schwefeleisen in eine Säure getaucht, und es hat gesprudelt und unheimlich gestunken, so wie faule Eier, aber noch viel schlimmer, und wir haben gelernt, daß das ein Gas ist und Schwefelwasserstoff heißt.

Da habe ich dem Richard gesagt, daß wir so etwas brauchen können, und wir müssen auch einen Schwefelwasserstoff herstellen. Ich habe mich zum Austreten gemeldet und dabei im Keller eine leere Flasche gesucht. Der Richard hat bei allen die Überreste von dem Schwefeleisen eingesammelt, und ich habe die Säure in meine Flasche gegossen. Das hat der Schorschi gespannt und gesagt, wenn wir jemanden damit einstinken wollen, dann sollen wir das machen, wo wir Lust haben, aber nicht in der Schule.

Wir haben es versprochen, aber schon gewußt, daß wir es nicht halten können.

Erst am nächsten Tag haben wir wieder Mathematik gehabt und damit den Platti.

Vor der Stunde hat der Richard den Pappendeckel von dem Dunstloch heruntergerissen.

Unter der Stunde haben wir es dann gemacht.

Ich habe die Flasche geöffnet und das Schwefeleisen eingefüllt, und gleich hat es gottserbärmlich zu stinken angefangen. Der Richard ist gleich umgefallen und noch ein paar andere auch, und ich habe zum Platti gesagt:

„Herr Professor, es stinkt wieder aus dem Dunstkamin . . ."

Ich habe noch weiterreden wollen, aber der Platti hat gleich gerufen:

„Äh, ihr dummen Burschen! Äh, äh, ihr denkt, ich weiß nicht, äh, was da stinkt? Äh, ich weiß es schon, und ich sage euch, äh, Müller, äh, mach alle Fenster zu, und äh, daß mir keiner eines aufmacht, äh, äh, ich bin im Hof und schaue auf die Fenster!"

Dann hat er die Tür hinter sich zugemacht und von draußen zugesperrt, und wir sind in unserem Gestank gesessen, daß uns allen wirklich schlecht geworden ist, und haben gedacht, der Platti ist doch nicht so dumm, wie wir gemeint haben.

Gipfelstürmer

In der Physik hat uns „der Lange" unterrichtet. Der Professor Himmer ist fast so groß gewesen wie der Türstock, daß er gerade noch mit eingezogenem Kopf hat hereinkönnen. Wir haben ihn gern mögen, weil er manchmal einen Spaß gemacht hat und sonst nie etwas hat durchgehen lassen.

Er hat alles mit dem Rechenschieber gerechnet. Zum Beispiel hat er einmal gesagt:

„Wenn wir die vier Kugeln dreimal in den Behälter geben, dann haben wir – Rechenschieber zur Hand! (jetzt hat er mit dem großen Rechenschieber im Physikzimmer gearbeitet) da ist die Vier und da die Drei – also dreimal vier ist angeschrieben elf Komma neun."

Wir haben lachen müssen, und er hat uns erst ganz verwundert angesehen, dann hat er auch gelacht und gesagt, wenn wir einmal den Rechenschieber gelernt haben, dann sind wir auch zu faul zum Kopfrechnen, wenn wir nicht blöd sind.

Wenn wir mit dem Langen einen Schulausflug gemacht haben, dann hat er immer etwas Besonderes dabeigehabt. Einmal ist es ein Bumerang gewesen. Den hat er in die Höhe geworfen, und er ist einen Kreis oder einen Achter geflogen und wieder zu ihm zurück. Er hat uns erklärt, wer einen solchen Bumerang wirft, nämlich nur die Australneger und er, und wie man ihn macht.

Zu Hause habe ich gleich einen gebaut, und er ist auch geflogen, aber nur geradeaus und in das Schaufenster von der Krämerei; aber ich bin schneller gewesen als der Kaufmann, daß er nicht gewußt hat, wer mit dem Holzprügel sein Fenster zerschlagen hat.

Auf einem Schulausflug haben wir auf den Berg Brünnstein gehen dürfen und oben über Nacht bleiben, damit wir in der Frühe den Sonnenaufgang sehen.

Wir sind bis zur Hütte marschiert und haben geschwitzt und der Lange auch, und in der Hütte haben wir Spiele gemacht und Brotzeit, und bald ist es dunkel gewesen, und der Lange hat gesagt, daß wir morgen früh um halb sechs Uhr auf den Gipfel steigen, wenn die Sonne aufgeht.

Wir sind in den großen Schlafraum unter dem Hüttendach gegangen und haben uns in die Decken eingewickelt. Der Lange hat gedroht, daß er jeden in der Luft zerreißt, der nicht gleich einschläft, weil wir morgen munter sein müssen, und Licht aus und gute Nacht.

Er ist auf sein Zimmer gegangen.

Wir sind fast ganz ruhig gewesen, aber wir haben geflüstert, daß, wer morgen früh zuerst wach wird, die anderen aufwecken muß, weil wir den Langen überraschen und vor ihm auf den Gipfel klettern wollen.

Um halb fünf Uhr sind wir schon losgekraxelt. Es ist noch fast ganz dunkel gewesen, aber der Norbert hat den Weg gekannt, und wir sind hinter ihm drein. Es sind Seile und eine Eisenleiter angebracht gewesen, und manchmal hat man aufpassen müssen, daß nicht einer ausrutscht. Auf dem Gipfel ist es schon ein wenig heller gewesen, und wir haben Fangen gespielt. Es ist überall steil hinuntergegangen über die Felsen, daß wir haben Obacht geben müssen und gesprungen sind wie die Gemsen.

Um viertel nach fünf Uhr ist die Sonne gekommen und der Lange auch.

Er hat geschnauft, als ob er wie ein Hundertmeterläufer heraufgespurtet ist, und im Gesicht ist er blaß gewesen, und das Wasser ist ihm heruntergelaufen. Er hat uns gewinkt, daß wir zu ihm herankommen sollen.

Dann hat er fest ausgeschnauft und mit dem Finger alle abgezählt.

Der Finger hat gezittert.

Später hat er einmal zu mir gesagt, daß er noch nie eine so gelungene Überraschung erlebt hat mit seinen Schülern, und wenn ihm noch mal so was passiert, trifft ihn der Schlag.

Der Stier

Einer von meinen Onkeln hat Karl geheißen.

Ich habe viele Onkeln und Tanten gehabt, weil mein Vater zwölf Geschwister gehabt hat und meine Mutter vier.

Aber den Onkel Karl habe ich am wenigsten leiden mögen. Er ist ein Soldat gewesen, doch kein echter, sondern nur ein Zahlmeister, aber er ist immer mit seiner Uniform herumgelaufen und ist gestiegen wie ein Pfau, und wenn ein Soldat vorbeigekommen ist und gegrüßt hat, dann hat der Onkel Karl ihn angeschrien, ob er nicht richtig grüßen gelernt hat, und er soll kehrtmachen und noch einmal vorbei. Der Soldat ist zurück und hat dann genauso gegrüßt wie zuerst, aber jetzt hat mein Onkel Karl gesagt, warum er es nicht gleich so gemacht hat, wie es sich für einen Soldaten gehört, der einen Vorgesetzten trifft.

Einmal habe ich den Onkel Karl und seine ganze Familie auf einen Berg geführt.

Ich bin oft auf einen Berg gestiegen mit einem alten Mann, der ist unser Nachbar gewesen und hat ein Auto gehabt und einen Schofför, und er hat immer ein Brathendl dabei gehabt und ein Danziger Goldwasser, und deshalb habe ich das Bergsteigen gelernt.

Die Familie von meinem Onkel habe ich über einen Abkürzer den Berg hinaufgeführt, und dabei muß ich einen falschen Weg erwischt haben, denn wir sind auf einen ganz anderen Berg gekommen, und mein Onkel ist ganz krumm gegangen vor Müdigkeit und die anderen auch, und wir haben keine Hütte gefunden und also nicht einkehren können, sondern sind in der Sonnenhitze gesessen, und alle waren ganz kaputt, weil sie es nicht gewöhnt gewesen sind.

Aber mir hat es nichts ausgemacht.

Der Onkel Karl hat in Traubing in der Kaserne gewohnt, und einmal habe ich in den Ferien zu ihm müssen.

Aber es ist schön gewesen.

Der Onkel Karl hat zwei Buben gehabt. Der Sigi ist so alt gewesen wie ich, und wir haben miteinander viel gemacht.

Zum Beispiel hat im Kasino ein jeder Offizier einen eigenen Haken gehabt für die Kleider. Wie sie alle beim Essen im Speisesaal gesessen sind, haben wir die Mützen umgehängt und auch die Mäntel, aber so, daß keine Mütze zum Mantel gepaßt hat, und sie haben sich furchtbar aufgeregt, wie sie herausgekommen sind. Nur der Hauptmann hat gelacht und gesagt, daß das keine militärische Niederlage ist, und er hat gleich seinen Mantel gefunden, weil es bloß einen Hauptmann gegeben hat, und er hat den Mantel am Rangabzeichen erkannt und den Hut an einem Fettfleck.

Einmal haben wir den Geißbock von der Reiterschwadron mit Juckpulver eingerieben, daß er ganz teuflisch geworden ist, und da haben uns ein paar Soldaten zur Strafe in einen Schrank gesperrt, der auf dem Hof gestanden ist. Wir haben heraus wollen, und wir haben darin getobt, und der Schrank hat gewackelt, und er ist schließlich nach vorne umgefallen, und jetzt haben wir uns leicht gegen die Rückwand stemmen können und ihn aufbrechen.

Jetzt haben wir den Soldaten aus Rache eine volle Kiste mit Platzpatronen gestohlen. Der Onkel Karl ist dafür geschimpft worden, weil es aufgekommen ist, daß sie verschwunden ist und wer sie genommen hat.

Das ist so gewesen:

Wie es niemand gesehen hat, haben wir ganz einfach eine leere Kiste gegen eine volle ausgetauscht. Dann haben wir die Kiste aufgestemmt und die Patronen alle zerlegt, indem wir die rote Pappspitze abgebrochen und das Pulver in eine Schüssel geschüttet haben. Es sind vielleicht tausend Patronen gewesen, und wir haben lange daran arbeiten müssen. Dann haben wir das Pulver unter dem Fenster vom Verwaltungsbüro auf den Boden geschüttet und eine Pulverspur um die Ecke gelegt.

Dann haben wir das Pulver angezündet.

Wir haben gar nicht so schnell zum Zuschauen um die Ecke sausen können, so rasch ist alles gegangen. Ein unheimlicher

Feuerschein hat aufgeleuchtet, und gleich hat die Feuersirene geheult, und wir haben uns verduftet, aber wir sind erkannt worden. Mein Onkel hat mich heimgeschickt und hat mir einen Brief mitgegeben. Ich bin schon heimgekommen, aber den Brief habe ich verloren.

Ich habe die Soldaten oft über meinen Onkel sagen hören, daß er ein Rindvieh ist, aber mein Vater hat es bewiesen.

Mein Vater hat viel fotografiert. Er hat alles selber gemacht und in unserer Besenkammer gewässert und entwickelt und vergrößert.

Einmal hat ihn ein Bauer gebeten, daß er seinen Stier abfotografiert, weil er einen Preis gekriegt hat und geschmückt ist.

Der Vater hat seinen Fotoapparat ausgepackt und das Stativ aufgestellt und das schwarze Tuch über seinen Kopf gelegt und eine Platte eingeschoben und geknipst.

Aber die Aufnahme ist nichts geworden, und mein Vater hat nicht gewußt, warum.

Viele Jahre später hat mein Onkel Karl den Vater um eine Aufnahme angehalten wegen seiner neuen Uniform. Der Vater hat lange gesucht und gesagt, es ist gerade noch eine Platte da, und er hat geknipst.

Zum Onkel Karl hat er gesagt, er macht die Bilder diesmal nicht selber, weil er keinen Entwickler mehr hat, aber er bringt die Platte zum Geschäft, wo der Onkel Karl dann die Bilder abholen kann.

Ein paar Tage später ist der Onkel Karl furchtbar beleidigt gewesen.

Er hat die Bilder abholen wollen und dem Fräulein im Geschäft gesagt, es soll ihm die Bilder mit dem Offizier in der neuen Uniform heraussuchen, das ist er; aber die Bedienung hat ihm geantwortet, sie hat nur Bilder mit einem Stier darauf, der wo am Bauch lauter silberne Knöpfe hat und am Hals ein Rangabzeichen.

Das Rangabzeichen hat einen Zahlmeister angegeben.

Dein
Onkel
Karl

Extemporale

Manchmal bin ich wochenlang in der Schule gesessen, und es ist langweilig gewesen, weil überhaupt nichts los gewesen ist. Und wir haben nur gelernt und nicht gewußt, was wir tun sollen.

Da habe ich einmal mit dem Grüner Albert gewettet, wer zuerst ein Loch in die Bank bohrt. Als Bohrer hat nur eine abgebrochene Feder verwendet werden dürfen, und das Loch hat zwei Zentimeter im Quadrat sein müssen und mitten durch die Hartholzplatte von der Bank gehen. Wer erwischt wird, hat auch verloren und muß fünf Tom-Mix-Hefte herausrücken für den anderen.

Ich habe gewonnen.

In vierzehn Tagen habe ich das Loch durchgewetzt gehabt und der Albert noch nicht, weil er krank geworden ist. Das Loch ist immer wieder praktisch gewesen, weil ich da allerhand habe verschwinden lassen können, was nicht jeder sehen braucht und auch nicht der Professor.

Aber manchmal sind wieder ein paar Sachen auf einmal passiert, und es ist aufregend und unterhaltsam gewesen wie an dem Tag, wo wir das Französisch-Ex geschrieben haben.

Ein Ex ist ein Extemporale, das ist wie eine Schulaufgabe, die aber nicht angesagt wird, sondern der Lehrer will die Schüler hereinlegen und ärgern, und man muß sie schreiben, ohne daß man eigens gelernt oder einen Spickzettel zum Abschreiben vorbereitet hat.

Ich muß aber die Geschichte von Anfang an berichten.

Ich bin mit dem Rad in die Schule gefahren und nicht mit dem Zug. Wer mit dem Zug gekommen ist, hat ein Fahrschüler geheißen.

Einmal bin ich bei meinem Schulkameraden Otto über Nacht

geblieben. Er hat in Frasdorf gewohnt, und dort hat man Ski fahren können, und wegen dem Skifahren bin ich bei ihm geblieben. In der Frühe sind wir zum Bahnhof gegangen und waren schon lange da, bevor der Zug abgefahren ist. Der Zug ist noch ganz leer da gestanden, denn er hat hier begonnen. In den Wagen ist es noch kalt gewesen.

Da habe ich gesagt, wir drehen Schneekugeln und legen sie in die Gepäcknetze im Zug, und dann schmelzen sie, wenn der Zug warm wird.

Das haben wir getan.

Wir haben aufgepaßt, daß uns niemand dabei gesehen hat, und sind von der anderen Seite her in den Zug gestiegen.

Die Lokomotive hat zur Abfahrt gepfiffen, und ich habe gerade noch eine Schneekugel in den Zug tragen wollen, da hat mich plötzlich der Fahrdienstleiter am Kragen gepackt. Ich habe mich gleich losgerissen, weil ich sonst den Zug verpaßt hätte, und bin auf das Trittbrett gesprungen. Auf der hinteren Plattform bin ich stehen geblieben und habe mit der linken Hand dem Fahrdienstleiter eine lange Nase gedreht und mit der rechten Hand an der Bremse.

Dann bin ich zum vorderen Wagen durchgegangen.

An der nächsten Station muß es der Fahrdienstleiter schon gewußt haben, daß die Bremse zu ist, weil auch die Funken immer aus den Rädern gesaust sind, und der andere Fahrdienstleiter hat vielleicht angerufen gehabt.

Sonst aber ist nichts passiert, als daß der Schaffner und der Zugführer zum letzten Wagen hin sind und wieder zurück. Sie werden die Bremse aufgedreht haben.

Dann bin ich in der Schule gesessen.

Vor der Pause haben wir den Gockel gehabt.

Vom Gockel muß ich etwas erzählen. Er hat eigentlich ganz anders geheißen. Einmal ist eine Frau zum Hausmeister gekommen und hat nach dem Professor Hahn gefragt. Der Pudel hat gesagt, daß er keinen solchen hat. Da hat die Frau gesagt, daß er vielleicht doch Professor Gockel heißt, weil ihr Sohn ihn immer so nennt, aber sie hat gemeint, daß er sicher nicht Professor

Gockel heißt, sondern Professor Hahn. Der Pudel hat ihr erklärt, daß er den Gockel schon kennt, aber er heißt Professor Dr. Flosser.

Der Gockel hat oft eine Zigarre mitgebracht und auf das Tintenfaß vom Schreibtisch gelegt.

Beim Gockel haben wir Französisch gehabt und heute gleich zwei Stunden hintereinander vor und nach der Pause.

Er ist gekommen und hat seine Zigarre wieder einmal dabei gehabt und auf das Tintenfaß gelegt. Da haben wir probiert, ob wir sie nicht mit einem Gummiring und Papierröllchen herunterschießen können. Er hat es gemerkt, aber weil wir immer wieder geschossen haben, hat er plötzlich geschrien:

„Öhr wördöt möch könnönlörnön, öhr blödön Schlömpörör!"

Aber da hat es geklopft, und ein Rundschreiben ist gebracht worden, und der Gockel hat es vorgelesen, und es hat geheißen, daß sich alle Klassen in der Pause auf ihrem Platz aufstellen müssen unter der Führung vom Herrn Klaßleiter.

Bis zur Pause ist nichts mehr passiert.

In der Pause haben wir uns aufgestellt, und der Direx ist herbeigestelzt und mit ihm der Fahrdienstleiter von Frasdorf, und der Direx hat eine Rede gehalten, daß sich einige Fahrschüler eine ungeheuerliche Spitzbüberei geleistet haben, und die Eisenbahn verlangt, daß er hart durchgreift, und alle Fahrschüler aus Frasdorf müssen heraustreten.

Die Klaßleiter haben die Fahrschüler aus Frasdorf vortreten lassen.

Der Direx hat verkündet, was angerichtet worden ist von den verruchten Buben, und daß einer von den Fahrschülern erkannt worden ist, und er soll sich melden.

Es hat sich niemand gemeldet.

Jetzt hat sich der Fahrdienstleiter die Frasdorfer Fahrschüler genau angeschaut und dann den Kopf geschüttelt. Er hat sie gefragt, aber nichts erfahren, und hat mit dem Direx geredet, und der hat laut gesagt: „Ist ein neuer Fahrschüler aus Frasdorf hinzugekommen?"

Die Klaßleiter haben verneint, und der Eisenbahner hat gesagt, der Herr Direktor soll entschuldigen, er geht jetzt zum Gymnasium, und dort erwischt er den Fahrschüler ganz bestimmt, weil er ihn erkannt hat. Der Direx hat noch gesagt, daß er das auch glaubt und gewußt hat, daß an seiner Schule kein solch verbrecherischer Bube ist, weil er keine Ungezogenheit duldet.

Nach der Pause sind wir wieder beim Gockel gewesen.

Der hat gleich Blätter ausgeteilt und gesagt, daß er sich jetzt rächt an der gemeinen Bande, und wir schreiben ein Extemporale, und das ist gesalzen und gepfeffert.

Das Ex ist wirklich gesalzen gewesen, und wir haben fest geschwitzt.

Da ist mir etwas eingefallen.

Ich habe einen Zettel genommen und etwas hinaufgeschrieben und habe eine Leimtube ausgepackt, die ich vor der Schule gekauft hatte. Ich habe daraus ein wenig Leim entnommen und die Tube mit dem Zettel zum Nachbarn geschoben.

Der Zettel und die Tube sind herumgewandert und zum Schluß haben alle das getan, was ich aufgeschrieben habe, nämlich mit dem Leim innen und außen auf das Schulaufgabenpapier streichen vor dem Abliefern, und der Zenz, der dann alle Blätter eingesammelt hat, hat sie noch fest zusammengedrückt und sie dann dem Gockel übergeben. Die Stunde ist aus gewesen, und der Gockel hat das Ex unter den Arm genommen und ist hinausgegangen.

Es ist schade, daß ich nicht dabei gewesen bin, wie er zu Hause die Blätter hat korrigieren wollen, und wie er sich geärgert hat, weil sie zusammengepappt gewesen sind.

Wir haben einen Direktoratsarrest gekriegt, das hat uns aber gar nichts ausgemacht, und wir haben darüber keinen Rotlauf bekommen wie der Gockel über das zusammengepappte Ex.

Schiffahrt

Ich bin vierzehn Jahre alt gewesen, da habe ich während der Ferien vier Wochen lang in der Fabrik gearbeitet. Ich habe Bretter aus einer Maschine herausgenommen und hinten wieder hineingesteckt, bis sie sauber geschliffen gewesen sind. Dafür habe ich in der Stunde zwanzig Pfennig erhalten, macht vierzig Mark in vier Wochen.

Von den vierzig Mark habe ich mir ein Faltboot kaufen dürfen, das gebraucht in der Zeitung gestanden ist. Es hat sechsundzwanzig Mark gekostet und ist rot gewesen.

Ich habe es oben silbrig angestrichen, und unten auch ganz neu mit roter Gummifarbe, und die Löcher zugeklebt und alle Leisten poliert und gestrichen. Da hat es prima ausgesehen, und mit meinem Freund Luk zusammen habe ich es getauft, aber wir haben keinen Namen gefunden.

Mit dem Paddelboot bin ich gleich von Kiefersfelden aus den Inn hinuntergefahren. Der Luk ist dabei gewesen.

Wie wir das Boot aufgebaut haben, ist ein Grenzpolizist herangeschlendert und hat gefragt, was wir vorhaben, und ganz streng gesagt, daß das Paddeln im Grenzgebiet verboten ist, und wir sollen schauen, daß wir verschwinden, aber gleich.

Wir haben schon gewußt, daß über dem Inn drüben Österreich ist, aber wir haben ja bloß paddeln wollen und nicht etwas schmuggeln. Das haben wir gesagt, aber der Polizist ist hartnäkkig geblieben, und wir haben keine Ausweise besessen, und er hat gesagt, wenn wir trotzdem fahren, werden wir von den Grenzern mit dem Motorboot herausgeholt und bestraft.

Nachdem er abmarschiert war, haben wir gesagt, wir sind doch nicht so dumm, daß wir alles glauben, und haben schnell unser Boot fertiggebaut und eingesetzt. Wie wir losgefahren sind, ist der Polizist wieder erschienen und hat geschrien, aber wir haben ihn nicht mehr verstanden.

Bald sind wir bei der Erler Brücke gewesen. Darauf sind

einige Grenzer gestanden und haben auf uns geschaut und wie wild gewinkt. Da haben wir Angst bekommen und sind ans Ufer gerudert.

Das hätten wir nicht tun sollen.

Die Grenzer haben gleich zu schimpfen angefangen, daß wir dableiben müssen und sie unsere Eltern verständigen, und daß wir nicht weiterfahren dürfen, und mit den Malefizbuben hat man bloß einen Ärger. Wir haben uns in das kleine Zollhaus setzen müssen, weil gerade draußen Leute über die Grenze wollten, und die Grenzer haben kontrollieren müssen.

Wir haben unsere Namen noch nicht gesagt gehabt, und da bin ich mit dem Luk schnell beim Fenster hinaus und zum Boot geschlichen und davongerudert.

Sie haben uns nicht wieder erwischt.

Wie Hochwasser gewesen ist, bin ich mit dem Boot über den Inn zu meiner Tante Marie. Ich habe bei ihr ins Schlafzimmer hineinrudern können, und vor dem Haus ist eine Kiste mit Hasen herumgeschwommen, die habe ich gerettet. Da habe ich gemerkt, wie gut es ist, wenn man selber ein Schiff hat.

Einmal bin ich am See gewesen, und da sind die Tante Lisa gekommen und der Onkel Christel und mein kleiner Vetter Werner. Ich habe gefragt, ob meine Tante nicht mit dem Boot mitfahren will, und nach langem Zureden hat sie mögen, aber starke Angst gehabt. Der kleine Vetter hat auch noch einen Platz im Boot gefunden, und ich bin losgerudert.

Es ist ein Wind gekommen, und er hat immer stärker geblasen, und wie wir fast über dem See gewesen sind, ist ein Sturm aufgezogen.

Ich habe schon befürchtet, daß wir vielleicht umwerfen, und bin umgekehrt.

Die Tante hat gezittert vor Angst, und der kleine Vetter hat geheult und der Wind auch, und der Himmel ist ganz schwarz

geworden. Das Wasser hat gespritzt, und weil schon einige Zeit ein Loch im Boot gewesen ist, ist der See in das Boot gelaufen.

Wie wir wieder am Ufer gewesen sind, ist meine Tante bis zum Bauch im Wasser gesessen, und von oben her ist sie auch ganz naß gewesen, und der Vetter auch, und sie haben gesagt, daß sie nie wieder in einen solchen Lumpenkahn steigen, und ich habe mir gedacht, daß ich nie wieder jemand mitnehme, der gleich jammert, wenn es spannend wird.

Glatzi

Er hat gleich der Glatzi geheißen, wie er in unsere Klasse in die Oberrealschule gekommen ist.

Der Schaumann Fritz hat nämlich überhaupt keine Haare gehabt, auf dem Kopf keine und auch keine Augenbrauen und keine Augenwimpern. Deshalb hat sein Kopf ganz komisch ausgesehen, und wir haben furchtbar lachen müssen, wie er in das Klassenzimmer getreten ist.

Der Klaßleiter hat uns gesagt, daß es nicht schön ist, wenn wir lachen, weil er nichts dafür kann, und wir vielleicht auch einmal eine Glatze haben werden.

Wir haben gedacht, daß wir auch nichts dafür können, wenn wir lachen müssen, weil es so spaßig ist, wenn einer gar keine Haare hat oder gleich weniger wie ein neugeborener Säugling.

Auch die von den anderen Klassen haben den Glatzi geärgert und verspottet, und da hat unser Klaßleiter wieder geschimpft und gesagt, daß dem Glatzi sein Vater schon dagewesen ist und sich beschwert hat, weil alle so unvernünftig und gemein sind und seinem Sohn keine Ruhe lassen.

Wir haben gedacht, vielleicht hat dem Glatzi sein Vater auch keine Haare, und es ist schade, daß wir ihn nicht gesehen haben.

Es ist also dem Glatzi nicht besser gegangen, und wir haben einen Vers gedichtet und gerufen:

Glatze auf dem Kopf,
   magst du einen Schopf?
Glatzi ohne Haar,
   wir schenken dir ein paar!

Und wie sein Geburtstag gewesen ist, haben wir uns alle ein paar Haare ausgerissen und sie in ein schönes Papier gewickelt und ihm geschenkt. Außerdem haben wir siebzig Pfennig in eine kleine Schachtel gesammelt und einen Zettel dazugeschrieben, daß er dieses Geld für den Frisör hernehmen kann.

Aber ein paar Tage später ist der Glatzi nicht in die Schule gekommen. Der Klaßleiter hat uns gesagt, daß er schwer krank im Krankenhaus liegt, und wir sollen ihn doch einmal besuchen.

Da bin ich mit ein paar anderen hin und habe ihn besuchen wollen.

Aber es ist gerade der Arzt vor der Tür von seinem Zimmer gestanden und hat gefragt, wer wir sind und was wir wollen.

Wir haben es ihm gesagt.

Da hat der Doktor uns beiseite genommen und einen Vortrag gehalten. Er hat gesagt, daß der Glatzi schwer krank ist, aber vor allem auch an der Seele, weil er todunglücklich ist, weil ihn niemand mag und jeder ihn auslacht, und daß er nicht mehr gesund werden will. Dann hat er uns in das Krankenzimmer geführt.

Wir haben nicht gewußt, was wir sagen sollen, aber der Doktor hat für uns geredet, als ob wir gute Schulkameraden sind und wir ihn gerne besuchen und hat uns wieder hinausgeschoben.

Der Glatzi ist wieder gesund worden, und wir sind jetzt alle ein bißchen netter zu ihm gewesen, weil wir gemerkt haben, daß man nicht alles tun und sagen darf, was man will, und „daß ein böses Wort oft weher tut als eine Ohrfeige", wie der Doktor uns erklärt hat.

Schießereien

„Du darfst nie auf einen zielen oder den Lauf hinhalten, und wenn du schießt, dann paß auf, daß niemand dahinter ist, damit ja nichts passiert!"

Das hat mir die Großmutter ganz eindringlich gesagt, wie sie mir zum Namenstag ein Luftgewehr geschenkt hat.

Ich habe es fest versprochen.

Zur gleichen Zeit wie das Gewehr habe ich von meinem Onkel einen alten Zigeunerwagen gekriegt, weil er ihm als Jagdhütte zu klein gewesen ist.

Der Wagen ist innen ganz schön eingerichtet gewesen mit zwei Betten und einem Tisch und einer Bank und einem kleinen Schrank, aber er hat keinen Motor und auch keine Räder mehr gehabt.

Mein Vater hat ihn neben den Leitengraben gestellt, und er ist unser Wohnwagen gewesen und unser Blockhaus im Wilden Westen.

Im Leitengraben haben wir zwanzig Meter weit die Stauden ausgeholzt, und da habe ich mit meinen Freunden einen Schießstand gebaut und jeder hat schießen dürfen, der Schuß einen Pfennig.

Wenn die Hühner gefüttert worden sind, dann sind immer auch sehr viele Spatzen erschienen, und darum hat der Vater gesagt, wir schießen auf die Spatzen, weil sie sonst alles Futter wegfressen. Ich habe oft geschossen, aber fast immer daneben, weil ich zwar gut gezielt habe, aber nicht getroffen, denn der Spatz hat sich gerührt, und wenn ich abgedrückt habe, ist er schnell woanders hingehüpft.

Da hat mein Vater gesagt, er zeigt es mir, und man muß das Gewehr ganz fest in die Schulter einziehen und nicht mucken und nicht rucken, und er hat genau gezielt und visiert und nicht gewackelt; dann hat er abgedrückt, und eine Henne ist wild umhergesprungen und bald tot umgefallen.

Später habe ich auch einen Schreckschußrevolver bekommen. Da hat man vorne eine Hülse einschrauben können mit einem Tränengas darin.

Einmal ist der Egon zu Besuch aufgekreuzt, der ist aus meiner Klasse gewesen. Ich habe gedacht, den Egon lasse ich jetzt weinen, und wie er auf zwei Meter herangeschlendert war, habe ich schnell den Revolver herausgezogen und auf ihn gezielt und abgedrückt.

Wie der Egon den Revolver gesehen hat, hat er noch gelacht, aber nicht mehr, wie ich geschossen gehabt habe.

Ich aber auch nicht, denn es ist etwas passiert.

Die Hülse ist herausgeflogen, vielleicht weil sie nicht richtig festgeschraubt gewesen ist, und sie ist dem Egon in den Hals gefahren. Er hat aber noch Glück gehabt, weil es ihm nur einen großen Hautfetzen gekostet hat.

Da habe ich gesehen, wie leicht etwas passieren kann, und seitdem habe ich keine solchen Dummheiten mehr gemacht, sondern nur noch andere.

Herzbube

Den Bawi haben wir im Englischen gehabt. Ich muß von ihm schreiben, weil ich es ihm schuldig bin.

Er ist immer sehr spät gekommen, und wenn er die erste Stunde gehabt hat, haben wir beim Fenster runtergeschaut und gewettet, wann er kommt.

Wenn es längst acht Uhr vorbei gewesen ist, ist er um die Ecke gerannt und hat geschnauft wie ein Walroß, und die Krawatte hat er aus der Tasche hängen gehabt oder einen Sockenhalter unter der Hose raus.

Mich hat er leiden mögen, weil er gemeint hat, daß ich fleißig lerne; aber es ist ganz anders gewesen. Ich habe herausgefunden, daß er gleich, wenn er kommt, welche aufruft. Da habe ich die ersten Zeilen gut gelernt und mich gleich ganz aufdringlich gemeldet, und er hat mich aufgerufen, und ich habe einen Satz heruntergerasselt, und er hat gesagt:

„Setzen, gut!"

Wenn er eine Wut gehabt hat, dann hat er jeden angeschrien beim Aufrufen, zum Beispiel „Bodenwart! Lesen! Setzen! Fünf!", und er hat ihn gar nicht reden lassen. Die Fünfer hat er aber nicht in das Zeugnis geschrieben, und das haben wir gewußt und uns nichts draus gemacht.

Einmal hat der Giegler Georg ein Feuer unter der Bank angefacht, daß ein beißender Rauch aufgestiegen ist, und der Bawi ist wütend auf den ersten los, hat ihm eine runtergehauen, dann hat er geschnuppert und gesagt:

„Nein, der ist es nicht!"

Dann ist er zum nächsten, hat ihm auch eine runtergehauen, geschnuppert und gesagt:

„Nein, der ist es auch nicht!"

Dann ist er zum Giegler hin. Der hat den Bankdeckel heruntergezogen, da sind die Flammen heraus. Da ist der Bawi gleich so erschrocken, daß er ihm keine heruntergehauen hat.

Der Bawi hat schlecht gesehen.

Wir haben gehört, daß der Bawi eine Braut hat, und da habe ich mir etwas ausgedacht.

Ich habe ein rotes Blechherz besessen. Darauf sind ein Senn und eine Sennerin abgebildet gewesen. Wenn man hinten auf das Herz gedrückt hat, haben sich der Senn und die Sennerin einen Kuß gegeben, und es hat zugleich geschnackelt.

Der Bawi hat die Pausenaufsicht gehabt. Dabei ist er immer auf den Kanaldeckel im Schulhof gestiegen, weil er so höher gestanden ist und über uns hinweggesehen hat, damit er nicht dauernd schimpfen muß.

Ich habe alles vorbereitet gehabt.

Wie der Bawi auf seinen Kanaldeckel gestiegen war, sind alle Schüler um ihn herum und haben etwas gemacht, was wir schon oft ausprobiert gehabt haben, nämlich alle haben laut gesummt. Dann habe ich in der Menge das Blechherz hochgehoben und habe es schnackeln lassen.

In der gleichen Zeit sind ein paar von meiner Klasse im Schulgebäude durch die Gänge gelaufen und die Treppen auf- und abgestiegen. Sie haben sich rote Herzen auf die Schuhsohlen gemalt gehabt, und so sind bald viele rote Herzen zu sehen gewesen, weil die Gänge und die Treppen frisch geölt worden waren.

Dem Bawi ist es auf seinem Kanaldeckel ganz unheimlich geworden, und er hat sich durch die Schülertraube hindurchgeschimpft und ist in das Schulgebäude geflüchtet.

Dort hat er die zweite Überraschung erlebt, nämlich die vielen roten Herzen.

Das alles hat ein Mordsaufsehen gegeben und eine Untersuchung, aber alle haben dicht gehalten, und keiner hat etwas gesagt, bis auf einen.

Der bin ich gewesen.

Der Bawi hat mich nämlich am nächsten Tag in der Pause zu sich gerufen, und ich habe gedacht, daß er schon was weiß. Aber er hat nur gesagt, daß er sehr betrübt ist, weil ihm so etwas angetan worden ist, und er hat Vertrauen zu mir, und ich soll ihm doch sagen, wer es gewesen ist. Er wird ihn nicht bestrafen, aber er möchte es trotzdem gerne wissen.

Da habe ich nicht anders können, als ihm sagen, daß ich selber alles angestiftet habe.

Der Bawi hat mich durch seine dicke Brille ganz verwundert angesehen und gesagt, daß er es fast nicht glauben kann. Und er hat weitergesprochen, daß ich mir vielleicht denken kann, wenn es aufkommt, dann verliere ich meinen Freiplatz in der Schule, und mein Vater verdient nicht genug, so daß ich sonst gehen muß.

Der Bawi hat mich nicht verraten.

Er hat mich auch nie etwas merken lassen, daß er mir böse ist.

Ich glaube nicht, daß ich das auch fertiggebracht hätte, wenn ich der Bawi gewesen wäre.

Der Luk und ich

Illustriert von Tilman Michalski

Schuleinschreibung

Bevor mein Vater den neuen Bahnhof bekommen hat, weil ihn die Eisenbahn versetzt hat, bin ich in Wasserstetten in die Schule eingeschrieben worden.

Eine alte Frau ist hinter einem hohen Pult gesessen und hat zu meiner Mutter gesagt: „Grüß Gott! — Das ist wohl der kleine Manfred." Dabei hat sie mit dem spitzen Finger auf mich gedeutet.

Meine Mutter hat geantwortet: „Ja, Fräulein Kinzelmann, das ist Ihr neuer Schüler."

Die alte Frau hat die Brille heruntergenommen, hat mich scharf angesehen und wieder den Finger gegen mich gerichtet: „Dann sage schön, wie du heißt."

Ich habe mir gedacht, daß ich eine komische Lehrerin bekomme, weil sie so dumm fragt, obwohl sie mich doch schon lange kennt und meine Mutter auch.

Meine Mutter hat sich zu mir heruntergebeugt und mich aufgefordert: „Jetzt sage schön, wie du heißt, Bubi!"

Aber die alte Frau ist ihr gleich ins Wort gefallen und hat die Brille aufgesetzt: „Lassen Sie's nur, mir wird er's schon sagen!"

Ich habe mir gedacht, daß ich ihr gar nichts sage, weil sie es doch schon weiß.

Die alte Frau hat die Brille wieder heruntergenommen.

„Also, wie heißt du, mein Kind?"

Sie hat mit ganz hoher Stimme gesprochen.

Jetzt habe ich die Bilder an der Wand angesehen. Auf einem ist ein Igel gewesen, und es ist sein Name daruntergestanden. Den habe ich nicht lesen können. Auf einem anderen ist ein großer Mann mit langen Haaren und einem langen Hemd gewesen, der hat ein kleines Kind über eine schmale Brücke geführt. Die Brücke ist über eine ganz tiefe Felsspalte gegangen und hat kein Geländer gehabt, obwohl eines hingehört hätte. Ich habe bemerkt, daß das Kind keine Angst hat, weil es der Mann führt. Und der Mann hat ebenfalls keine Angst gezeigt, denn er hat große Flügel aus weißen Federn gehabt.

Der Mann ist ein Schutzengel gewesen.

Es hätte also gar nichts passieren können, auch nicht, wenn die Brücke schlecht gebaut gewesen oder der Mann danebengetreten wäre wegen seinem langen Hemd, weil er fliegen hat können.

Die alte Frau hat die Brille wieder auf- und abgesetzt und zu meiner Mutter gesagt: „Er ist ein Träumer", und zu mir hat sie gesagt: „Jetzt mußt du mir aber wirklich schön sagen, wie du heißt!"

Sie hat sich gleich wieder an meine Mutter gewandt. „Wissen Sie, mit einer guten Pädagogik sagen die Kinder schon, was sie sagen müssen; man muß ihnen nur Zeit lassen und darf keine Geduld verlieren, weil ihnen hier alles fremd ist."

Die alte Frau hat vielleicht nicht gewußt, daß ich schon vorher zweimal in dem Zimmer gewesen bin, weil mich nämlich meine Schwester beim Handarbeiten mit in die Schule genommen hat.

Jetzt habe ich die Tafel angesehen.

Darauf ist mit grüner Kreide ein Hund aufgemalt gewesen und mit einer gelben eine Katze. Die Katze hat den Hund angesehen und der Hund die Katze. Die Katze hat aber nicht den Schwanz hochgestreckt und auch nicht die Krallen gezeigt, was eine Katze immer tut, wenn sie einen Hund anschaut oder der Hund die Katze. Aber vielleicht tut sie es nicht, wenn der Hund grün ist.

Plötzlich hat die alte Frau laut geschrien: „Willst du mir nun endlich sagen, wie du heißt! Ein so großer Bub kann doch schon reden und antworten, wenn man ihn fragt!"

Dabei hat sie die Brille aufgesetzt und gleich wieder heruntergenommen.

Ich habe genickt und zum Schrank hinübergesehen. Das ist ein Glasschrank gewesen. Darin ist ein ausgestopfter Vogel gesessen mit keinem Schwanz mehr und nur einem Auge. Und auf einem Pappendeckel sind viele Schmetterlinge zu zweien nebeneinander aufgesteckt gewesen, manche mit kaputten Flügeln oder ohne Kopf. Ich habe überlegt, wozu man sie brauchen kann.

Da hat mich die alte Frau ganz schrill angeschrien: „Willst du nun endlich reden, oder willst du nicht!" Dabei hat sie die Brille fest aufs Pult geschlagen und zu meiner Mutter gesagt: „Wir werden ihn eben ohne ihn einschreiben, wenn er gar so verstockt ist."

Sie hat mich mit meiner Mutter zusammen eingeschrieben.

Wie mein Vater dann den neuen Bahnhof bekommen hat, habe ich geglaubt, daß ich die Schule nicht besuchen muß, weil ich hier nicht eingeschrieben worden bin. Aber die alte Frau muß mich verschuftet haben, und so habe ich sechs Wochen später doch in die erste Klasse gehen müssen.

Auferstehung

Wie ich noch ganz klein gewesen bin, vielleicht drei oder vier Jahre alt, habe ich mit der Großmutter am Karfreitag alle drei Heiligen Gräber in der Stadt besuchen dürfen.

Das größte Heilige Grab ist in der Stadtpfarrkirche aufgestellt worden mit mindestens zehn roten, zehn blauen und zehn grünen gläsernen Lampenkugeln. Ich habe gemeint, daß die Kugeln ganz ohne elektrischen Strom leuchten, weil sie mit einem besonderen Wasser gefüllt sind, das so hell scheint, wenn es dunkel ist. Die Kirchenfenster und die Altäre sind mit violetten Tüchern verhängt gewesen, und die Heiligenfiguren haben ganz unheimlich von ihren Postamenten geschaut. Neben dem Heiligen Grab sind vier Wächter gestanden oder gelegen, und alle haben geschlafen bis auf einen, der hat ein Auge offen gehabt. Das Grab selbst hat aus mächtigen Felsbrocken bestanden, die eine finstere Höhle gebildet haben. Darin ist der Heiland aufgebahrt gewesen.

Am Heiligen Grab in der Spitalkirche haben nur zwei Wächter aufgepaßt und geschlafen, aber die sind dafür viel echter gewesen und haben echte Lanzen gehabt und einer sogar ein echtes Schwert. Das Schwert hätte ich gern gehabt.

Im Achatzkirchlein ist nur ein kleines Heiliges Grab gestanden und überhaupt kein Wächter dabei. Dafür sind aber zwei Engel mit einem grünen Blatt in der Hand vor dem Grab geschwebt.

Am Karsamstag bin ich mit der Großmutter noch einmal in alle Kirchen gegangen und habe bei der Auferstehungsfeier zugeschaut.

In der Stadtpfarrkirche ist der Heiland bei der Auferstehung nach unten weggesunken, und der Herr Pfarrer hat dafür eine Monstranz über das Grab gestellt. Dazu haben dann die Trompeter mit voller Kraft geblasen, und die Pauken haben gedröhnt, und der Chor hat furchtbar laut geschrien.

In der Spitalkirche ist die Auferstehung eine halbe Stunde später gewesen. Die Großmutter hat mich bei der Hand genommen, und wir sind fest gelaufen, damit wir sie nicht versäumen. In der Spitalkirche ist der Heiland zur Seite herausgezogen worden, und ich habe gesehen, wie es der Mesner gemacht hat. Er hat nachher einen ganz kleinen Heiland mit nur einem halben Meter oben auf das Grab gestellt.

Aber im Achatzkirchlein ist die Auferstehung ganz wunderbar echt gewesen. Das Grab ist plötzlich für Sekunden völlig dunkel geworden, und schon ist der Heiland darin verschwunden und zur gleichen Zeit rechts neben dem Grab auferstanden und hoch hinaufgefahren, daß ich den Kopf habe weit zurücklehnen müssen, wenn ich ganz vorn gestanden bin.

Die Auferstehung im Achatzkirchlein habe ich am liebsten gesehen, deshalb bin ich mit der Großmutter besonders schnell gelaufen, damit wir nicht zu spät kommen.

Wie ich älter gewesen bin, vielleicht schon fünf oder sechs Jahre, hat mir der Minixmeier Mazl gesagt, daß die Auferstehung im Achatzkirchlein kein Wunder ist, sondern bloß eine Maschine. Ich habe es nicht glauben wollen, aber der Mazl hat fest beteuert, daß er es weiß und mir zeigt, wie die Maschine funktioniert. Er hat gesagt, daß das Heilige Grab immer schon am Karfreitag aufgestellt ist, und daß man es deshalb am Karsamstag um die Mittagszeit allein anschauen kann, weil da bestimmt niemand in der Kirche ist.

Ich bin mit ihm hingegangen, und die Kirche ist wirklich leer gewesen.

Wir sind zum Heiligen Grab vor.

Zuerst habe ich entdeckt, daß die Glaskugeln gar nicht von selber leuchten, sondern daß elektrische Lampen dahinter stehen. Da bin ich enttäuscht gewesen, und jetzt habe ich auch geglaubt, daß die Auferstehung nichts anders als eine Maschine ist.

Es ist auch eine gewesen.

Wir sind hinter die beiden großen Engel aus Sperrholz geschlichen und haben auch schon die Maschine gesehen. Mit einem Hebel hat man den einen Heiland im Grab nach unten verschwinden lassen können, und mit einem anderen ist ein zweiter Heiland nach oben gestiegen. Der Mazl hat es ausprobiert. Dann hat er die beiden Heilande wieder zurückholen wollen, aber der untere ist nicht mehr heraufgekommen.

Vielleicht ist es eine Maschine gewesen, die nur einmal funktioniert, nämlich bei der Auferstehungsfeier.

Wir haben große Angst gehabt, wie der untere Heiland nicht mehr nach oben gewollt hat. Der Mazl hat gesagt, wir müssen ihn unbedingt hinaufheben, weil es sonst heuer keine Auferstehung im Achatzkirchlein gibt.

Wir sind ins dunkle Grab gekrochen und haben den Heiland hochgehoben. Er ist gar nicht schwer gewesen, sondern aus Pappendeckel. Wir haben ihn hinter die Glaskugeln gelegt, daß es ausgesehen hat, wie wenn alles stimmt.

Wie ich dann mit der Großmutter am Nachmittag bei der dritten Auferstehung im Achatzkirchlein gestanden bin, habe ich mir gedacht, daß wir vielleicht doch nicht alles richtig gemacht haben, weil der untere Heiland nicht mehr verschwinden kann.

Die Trommeln haben geschlagen und die Posaunen geblasen, und es ist finster geworden und wieder hell.

Und es sind zwei Heilande zu sehen gewesen.

Die Leute haben sich gewundert, die Kinder haben gekichert, und der Mesner hat leise geflucht.

Ich habe mich nicht gewundert, aber stark gezittert.

Schuri

Zu den Minixmeier-Kindern habe ich nicht gehen dürfen. Meine Großmutter hat gesagt, daß das böse Kinder sind und ein richtiges Gesindel, und daß sie lauter unanständige Dinge tun wie zum Beispiel Stehlen, Rauchen und Fluchen.

Die Minixmeier-Kinder haben aber gar nicht so gut fluchen können wie vielleicht mein Großvater, und ich habe ihnen ein paar ganz starke Flüche gesagt, die ich von ihm gehört habe.

Der Herr Minixmeier ist ein Fuhrunternehmer gewesen; er hat ein Pferd und einen Wagen besessen und einen Stall und einen großen Schuppen. Er hat Lumpen gesammelt und altes Metall und überhaupt alles alte Zeug, und deshalb hat man in seinem Schuppen auch alles gefunden, was wir gebraucht haben, zum Beispiel ein altes Gewand zum Verkleiden, einen großen Stoff für ein Zelt, Kinderwagenräder für ein Rennauto, ein kaputtes Gewehr fürs Räuber-und-Gendarm-Spiel, und überhaupt alles, was es gibt.

Das Pferd vom Herrn Minixmeier ist ganz brav gewesen, und man hat es streicheln dürfen und auf ihm reiten oder es mit Zucker füttern oder mit Heu. Zucker hat es lieber mögen. Ich habe deshalb meiner Großmutter oft einen Würfelzucker abgebettelt, und wenn sie ja gesagt hat, habe ich gleich ein ganzes Pfund genommen und damit das Pferd vom Minixmeier gefüttert. Die Minixmeier-Kinder haben den Zucker auch gern mögen und mir dafür eine Kuhglocke gegeben oder krumme Nägel oder einen Autoschlauch als Schwimmreifen.

Ich bin oft zu den Minixmeier-Kindern gegangen. Sie haben sich immer auf der Straße herumgetrieben oder sind im Schuppen gewesen, wenn es geregnet hat, oder in ihrem Lager, das sie sich gebaut haben.

Die Minixmeier haben vier Kinder gehabt und auch noch einen Säugling. Der Mazl ist so alt gewesen wie ich, aber der Bepperl, der Bene und der Schuri sind viel älter gewesen, der Schuri ist sogar schon in die vierte Klasse gegangen. Mit den Minixmeier-Kindern war es nie langweilig.

Einmal haben wir uns als ganz arme Kinder verkleidet und auf dem Volksfest um Geld gebettelt. Der Schuri hat uns erklärt, wie man es macht und daß es einem ganz Wurst sein muß, wenn Leute über die lausigen und nichtsnutzigen Bettelbuben schimpfen, und er hat gesagt, daß wir nur alte Frauen anbetteln sollen oder Männer, die schon einen kleinen Rausch haben, aber noch keinen großen, weil die leicht was hergeben; man darf nur sagen, „bitte, krieg ich ein Fünferl?", und man darf nicht gleich ein Zehnerl verlangen, weil man sonst gar nichts erhält oder bloß eine Ohrfeige, aber man bekommt oft ein Zehnerl, wenn man bloß um ein Fünferl bittet.

Sonst habe ich von der Großmutter immer zwanzig Pfennig für das Volksfest erhalten und von der Mutter auch zwanzig Pfennig, was zusammen nur vierzig Pfennig macht, und ich habe deshalb immer auf die Rolle klettern müssen oder das Karussell antreiben.

Die Rolle ist eine große weißblaue Walze gewesen, die sich leicht gedreht hat, weil ihre Achse auf Kugellagern gelegen ist. Jeder hat sich hinten anstellen müssen und warten, bis ein Erwachsener ein Zehnerl oder ein Fünferl oder auch bloß einen Zweierling in den Schlitz am Rollenende gesteckt hat. Dann ist der, der dran gewesen ist, auf die kleine Leiter gestiegen und hat sich bäuchlings auf die Walze gelegt. Er ist behutsam vorwärts gekrochen und hat höllisch aufpassen müssen, daß die Rolle nicht kippt und er in den Dreck fällt; da wäre dann alles vergeblich gewesen, und er hätte wieder warten müssen, bis er an die Reihe kommt. Wer es aber geschafft hat und über die ganze Walze bis zum Geld hin balanciert ist, hat das Geld mit den Zähnen herausgezogen und ist abgesprungen. Dann hat er sich wieder hinten angestellt und gewartet.

Beim Karussell hat man ungefähr zehn Fahrten lang zusammen mit anderen antreiben müssen, bis man ganz schwindlig gewesen ist. Dann hat der Besitzer vom Karussell eine Freikarte hergegeben, und man hat selber fahren dürfen.

Wie ich mit den Minixmeier-Kindern gebettelt habe, bin ich ganz reich geworden und habe zwei Mark und fünfundzwanzig gehabt und außerdem drei Papierblumen, die ein Mann herausgeschossen hat, und ein Stück Kokosschokolade, das hat mir ein Mädchen gegeben, und einen Nudelwalker, den einer im Glückshafen gewonnen hat. Ich habe zuerst gar nicht gewußt, was ich mit dem vielen Geld anstellen soll. Der Nudelwalker hat mich sehr gefreut, weil man aus dem Griff einen Ritterdolch schnitzen und aus der Rolle Räder hat schneiden können.

Der Schuri hat gesagt, er kauft sich von seinem Geld ein Bier und Zigaretten und Würstl, und er fährt erster Klasse mit dem Riesenrad und kauft sich auch noch ein Los und gewinnt einen Tretroller oder eine echt goldene Uhr. Der Schuri hat das meiste Geld gehabt, denn er hat beim Betteln auf einer Mundharmonika gespielt, und deshalb haben ihm die Leute besonders viel geschenkt.

Den Tretroller hat der Schuri nicht gewonnen und die Uhr auch nicht, sondern bloß einen Zettel, wo irgend etwas draufgestanden ist. Wir haben Würstl gegessen, und der Schuri hat uns eine Zigarette gegeben und uns von seinem Bier trinken lassen. Es hat mir aber gar nicht geschmeckt, und ich bin plötzlich schwindlig gewesen, und auf dem Riesenrad ist mir ganz schlecht geworden.

Ich habe mich aus der Gondel gebeugt, aber der Wind hat alles in die Gondel unter uns geweht, und die Leute dort haben gleich furchtbar heraufgeschimpft, wenn wir über ihnen, oder herunter, wenn wir unter ihnen gewesen sind, und sie haben gesagt, daß sie mir eine gewaltige herunterhauen, und daß meine Mutter den Schaden bezahlen muß.

Das Riesenrad hat so angehalten, daß wir unten haben aussteigen können, aber die Leute von der nächsten Gondel noch nicht, sondern sie haben erst noch einmal nach oben fahren müssen. Wir haben ihnen eine lange Nase gezeigt und gewinkt und sind dann gleich in der Menge untergetaucht. Wie sie wieder unten gewesen sind, haben sie uns nicht mehr gesehen.

Einmal hat mir der Schuri ein Prellei geschenkt und mir erklärt, was es ist und wozu man es braucht. Das Prellei schaut genauso aus wie ein Hühnerei, hat er gesagt, aber es ist aus Gips, und man legt es den Hennen in das Nest, damit sie meinen, sie haben schon ein Ei gelegt, und sie freuen sich und legen gleich noch ein Ei dazu; die Kinder in der Stadt wissen nicht, was ein Prellei ist und daß es eins gibt, aber er hat welche im Gerümpel von seinem Vater gefunden und gibt mir eines zum Eierscheiben auf Ostern. Er hat das Gipsei mit Sandpapier schön glattgeschliffen und mit Ostereierfarbe gefärbt, damit man es von einem echten Osterei nicht mehr unterscheiden hat können, aber ich schon, weil es einen kleinen schwarzen Punkt gehabt hat.

Mit dem Prellei habe ich beim Eierscheiben elf Eier gewonnen, weil mein Ei die echten Eier alle eingedrückt hat. Aber dann ist einer draufgetreten und hat bemerkt, daß es nicht zerbricht. Da sind alle über mich hergefallen und haben mir den Buckel vollgehauen. Die elf Eier bin ich auch wieder losgeworden, weil ich mich damit verteidigt habe und dabei sind alle auseinandergeplatzt und bloß noch ein Matsch gewesen.

Der Schuri hat immer gewußt, was wir machen sollen, wenn es einmal langweilig geworden ist.

Wie ich zum Beispiel einmal dringend wohin gemußt habe, hat er gesagt, daß wir es um die Wette machen, und er hat auf die Rückwand vom Schuppen mit einer Kreide übereinander Striche gezogen, und wir haben geschaut, wer

am höchsten hinauftrifft. Der Schuri hat vielleicht gemeint, daß er gewinnt, weil er größer ist, aber ich habe gewonnen, weil ich mehr Druck gehabt habe.

Oft hat uns der Schuri an den Fluß geführt. Da ist immer etwas losgewesen. Wir haben der Fähre zugesehen oder Dämme gebaut oder geschaut, ob was angeschwemmt worden ist, was wir brauchen können. Manchmal haben wir Kanalrohre vom Betonwerk Zweckmüller geholt und sie über den Damm gerollt und ins Wasser plumpsen lassen. Oder wir sind auf dem Landesteg der Fähre gestanden und haben mit Steinen auf vorbeitreibende Flaschen oder Bretter gezielt. Oder wir haben aus dem Forellenweiher vom Herrn Bunnhuber Fische gestochen und dann gebraten. Oder wir sind die frischgestrichene Fabrikmauer von der Gerberei entlanggelaufen und haben Kreidestriche gezogen, und jeder hat eine andere Farbe gehabt. —

Wenn dem Schuri gar nichts mehr eingefallen ist, hat er einen Abzählreim so lange aufgesagt, bis einer allein übriggeblieben ist. Das ist so gegangen:

Wir haben uns im Kreis aufgestellt. Der Schuri hat zu zählen angefangen:

> Ene bene suprahene
> divi davi domine
> eke broka kase noka
> zinka zanka drauß!

Dabei hat er bei jedem Wort reihum auf einen von uns gedeutet. Wer übriggeblieben ist, der hat tun müssen, was wir vorher ausgemacht haben.

Er hat zum Beispiel einen Kuhfladen oder Pferdeäpfel auf die Gartenbank vom Molkereibesitzer legen müssen.

Oder er hat die Glocke in der Spitalkirche läuten müssen, damit alle Leute meinen, es ist jemand gestorben oder sonst etwas passiert.

Oder er hat beim Gendarm vorbeilaufen müssen und seinen Säbel anrühren.

Oder er hat auch bloß mit einem Spritzdiezel durch das offene Fenster vom Färber spritzen müssen.

Den Spritzdiezel haben wir selber gebaut.

Er spritzt viel besser wie eine Spritzpistole und kostet fast gar nichts, weil man dazu nur den Gummi von einem Babyschnuller braucht und eine Schusserkugel. Die Schusserkugel muß man in den Schnullergummi hineindrücken, und er darf nur schwer hineingehen, weil er sonst nicht dicht hält. Dann muß man den Gummi mit dem dicken Rand über den Wasserhahn stülpen und das Wasser aufdrehen, bis es eine große, durchsichtige Kugel ist. Jetzt muß man die Kugel oben zudrücken und vom Hahn herunternehmen. Man kehrt sie um, und der Schusser rollt vor die Öffnung und macht den Spritzdiezel dicht. Jetzt kann das Wasser bloß heraus, wenn man die Kugel ein bißchen nach unten drückt.

Mit dem Spritzdiezel kann man weit spritzen, mindestens bis zum ersten Stock oder über eine Mauer, ohne daß man erwischt wird.

Wie ich einmal beim Abzählen übriggeblieben bin, hat der Schuri gesagt, ich muß auf das Dach beim Windler steigen und eine Schneelawine herunterlassen. Unten vor dem Windler haben die Marktfrauen ihre Stände aufgebaut gehabt. Sie haben Gänse, Hühner, Peitschenschnüre, Hosenträger, Krawatten, Schürzen und vieles andere verkauft.

Ich bin von hinten auf das Dach gestiegen, wo kein Schnee gelegen ist.

Die Minixmeier-Kinder sind auf dem Marktplatz gestanden, dort, wo sie auf das Dach sehen haben können, und haben gewartet.

Wie ich die Schneelawine angeschoben habe, hat der Schuri gleich ganz laut geschrien: „Vorsicht, da fällt ein

Schnee herunter!" Die Marktfrauen haben auch geschrien und sind davongelaufen und die Kunden auch, und auch der Gendarm hat laut gerufen und ist weggelaufen. Schon hat es unheimlich gerauscht, und die Schneelawine ist auf den Stand von der Frau Eisenrichter gestürzt und hat ihn eingedrückt und umgeworfen. Ich habe nicht gedacht, daß die Schneelawine gleich so groß wird und so stark ist, und ich bin schnell hinten vom Dach runter und auf und davon.

Später hat mir der Schuri erzählt, daß die Schneelawine ganz prima gewesen ist und unheimlich wuchtig, und daß er von den Leuten und von den Marktfrauen gelobt worden ist und auch vom Gendarm, und von der Frau Eisenrichter hat er zwei Mark bekommen, weil er sie gerettet hat. Der Gendarm hat gesagt, daß er schon lang weiß, daß auf das Dach vom Windler ein Schneegitter gehört, und er wird dafür sorgen, daß sich ein solches Unglück nicht wiederholt.

Ich habe vom Schuri seinem Geld fünfzig Pfennig bekommen, obwohl ich bei der Rettung gar nicht mitgeholfen habe, und der Windler hat später ein Gitter auf das Dach machen müssen.

Beim Abzählen ist der Schuri nie übriggeblieben.

Hubert

Der neue Bahnhof, den mein Vater bekommen hat, ist ein gräuslicher viereckiger Kasten gewesen, und wir sind im Sommer eingezogen.

Mein Vater hat gesagt, daß er aus der Brennesselwildnis hinter dem Haus eine Eins-A-Gärtnerei macht, und wir werden alles ernten, was wir brauchen. Er ist gleich mit dem Spaten drauflos und hat umgegraben und Beete angelegt und gesät und gepflanzt und eine Laube gebaut. Ich habe mir auch einen Garten hergerichtet, aber bloß einen kleinen für Erbsen, weil ich für meine Stopselbüchse Kugeln gebraucht habe.

Im Garten ist wirklich viel gewachsen, zum Beispiel Dahlien, Kartoffeln, Eiszapfen und Johannisbeeren, aber auch viel Unkraut, und wenn schönes Wetter gewesen ist, habe ich mit meiner Schwester zusammen oft Unkraut auszupfen müssen, was aber nichts genützt hat, weil es gleich wieder nachgewachsen ist.

Der Bahnhof ist vom Dorf eine halbe oder auch eine ganze Stunde entfernt gelegen, und in seiner Nähe sind nur die Bahnhofswirtschaft und das Lagerhaus gestanden. Im Bahnhof haben lauter Eisenbahner gewohnt, aber keine Kinder wie ich. Mit meiner Schwester habe ich nicht spielen können, weil sie immer nur gelesen hat. Deshalb habe ich Zeitlang gehabt nach dem Schuri und dem Bepperl und nach dem Mazl und dem Bene, und ich bin furchtbar traurig gewesen und habe überhaupt nicht gewußt, was ich tun soll, und ich habe mich oft hinter der Hollerstaude neben dem Bahnhofsklo gesetzt und geweint.

Der Vater hat mir deshalb einen Metallbaukasten gekauft und fast jeden Abend damit gespielt und Kräne und Wagen und Maschinen gebaut. Das Zuschauen ist langweilig gewesen. Einmal habe ich den Kran mit hinausgenommen und in einen Sandhaufen vergraben. Wie ihn der Vater gefunden hat, ist der Kran verrostet gewesen und der Vater zornig.

Aber die Mutter hat zu mir geholfen und gesagt, daß der Bubi einen Anschluß braucht mit Kindern und viel Nachsicht. Da hat mir der Vater keine heruntergehauen, sondern den Kran auseinandergenommen und die Teile mit einem Öllappen gesäubert.

Ich habe gar nichts tun können, nicht einmal Haselnüsse suchen, weil die noch nicht reif gewesen sind.

Einmal bin ich zur Bahnhofswirtschaft hinübergeschlendert, da ist plötzlich einer vor mir gestanden, der ist so alt gewesen wie ich, aber er hat Schuhe angehabt.

Ich habe ihn angespuckt, da ist er gleich auf mich losgestürzt und hat mir einen gewaltigen Boxer gegeben. So habe ich gemerkt, daß man mit ihm was anfangen kann.

Er hat Hubert Ellmann geheißen.

Der Hubert ist immer in einem schönen Gewand gesteckt, weil sein Vater ein Doktor gewesen ist, aber nicht so einer, der die Menschen gesund macht, sondern ein anderer. Die Ellmanns haben in der Bahnhofswirtschaft gelebt. Sie haben dort alle Fremdenzimmer bewohnt, deshalb hat man nicht von einem Zimmer ins andere gehen und in der Wohnung herumlaufen können. Die Ellmanns haben ein eigenes Wohnzimmer besessen mit einer spanischen Wand und einem Glasschrank mit lauter schönen Sachen, und mit breiten Sesseln, darin hat man gleich zu zweit sitzen können. Alle Möbel sind verziert gewesen, und sogar der Spiegel hat einen goldenen Rahmen gehabt. Auf dem Boden ist ein richtiger Teppich gelegen, kein solcher, wo man erst alte Lumpen zu langen Streifen hat zerschneiden müssen, wie wir einen gehabt haben.

Der Herr Ellmann ist alt und sehr komisch gewesen und immer in seinem Arbeitszimmer gesessen. Ich habe ihn nur zweimal gesehen und nur einmal mit ihm geredet.

Meine Mutter hat mir erzählt, daß die Ellmanns einmal sehr reich gewesen sind, aber jetzt nicht mehr.

Die Frau Ellmann hat gesagt, daß sie auch erst hergezo-

gen sind und sich freuen, daß ich da bin und der Hubert einen Freund hat.

Mit dem Hubert bin ich jeden Tag zusammen gewesen. An den Nachmittagen habe ich zum Kaffeetrinken kommen dürfen, es hat Kuchen und Rohrnudeln dazu gegeben, und ich habe sogar den Milchkaffee ausgetrunken, obwohl eine Haut darauf geschwommen ist.

Auf dem Speicher von der Bahnhofswirtschaft sind viele Möbel, Truhen und Koffer gestanden, die haben alle den Ellmanns gehört. Der Hubert und ich haben davon alles nehmen dürfen, was wir gebraucht haben. Wenn wir zum Beispiel ein Stauwehr gebaut haben, sind wir auf den Speicher gestiegen und haben nachgeschaut, ob wir nicht ein Rohr für den Ablauf finden. Wir haben gleich zwei entdeckt, nämlich ein Paar alte Pistolen mit einem Griff aus echter Perlmutt, die sind in einer Schachtel auf blauem Samt gelegen. Den Griff haben wir mit dem Hammer weggeschlagen und die Rohre in den Staudamm eingesetzt.

Für einen Hirschkäfer haben wir einen Käfig gesucht. Wir haben eine kleine, schön geschnitzte Elfenbeinkugel gefunden, sie hat sich öffnen lassen. Darin ist ein Magnet gewesen, der hat eine Sonnenuhr eingestellt und man hat damit die Zeit ablesen können. Die Sonnenuhr haben wir weggeworfen, aber die Kugel ist ein prima Gehäuse für den Hirschkäfer gewesen.

Mit einem Grammophontrichter haben wir eine Wasserleitung in unser Lager gebaut. Bei Regen hat der Trichter das Wasser aufgefangen und über ein Rohr in die Hütte geleitet.

Unser Lager ist ganz vornehm gewesen, weil wir in den Eingang die Tür von einem Schrank gesetzt haben, der mit Heiligenbildern bemalt gewesen ist, und für die Fenster haben wir goldverzierte Bilderrahmen verwendet, da haben wir bloß die Bilder heraushauen müssen, und auf dem Boden ist ein echter Teppich gelegen. Wir haben auch ein schönes Geschirr gehabt mit Chinesen darauf, aber es hat nicht viel getaugt, weil es der Fabrikant aus viel zu dünnem Porzellan gemacht hat.

Die Frau Ellmann hat nie nachgesehen, was wir vom Dachboden geholt haben, und sie ist auch nie mit uns zusammen hinaufgegangen.

Im August hat der Hubert Namenstag gehabt.

Die Frau Ellmann hat einen Kuchen gebacken und Schokolade gekauft und Tee gekocht. Wir haben unheimlich viel gegessen, daß uns fast schlecht geworden ist. Dann hat die Frau Ellmann gesagt, daß sie eine Überraschung bereithält, und wir sollen ins Wohnzimmer gehen.

Da ist ein neues Fahrrad gestanden.

Bis dahin habe ich noch keinen kleinen Buben gekannt, der ein eigenes neues Fahrrad besitzt, und es ist sogar wie ein Männerfahrrad gewesen, bloß kleiner, nämlich ein Kinderfahrrad. Es hat einen roten Rahmenbau gehabt und silberne Speichen und eine Fahne.

Der Hubert ist gleich auf das Rad losgestürzt und ich auch, und wir haben sofort fahren wollen. Aber die Frau Ellmann hat gesagt: „Das Rad gehört zwar dir, Hubert, aber du wirst deinen Freund auch damit fahren lassen, so oft er will, und jetzt geht runter und probiert es aus."

Wir haben das Rad zu zweit hinuntergetragen. Der Hubert hat sich draufgesetzt, ich habe ihn gehalten und langsam angeschoben. Ich habe schon gut radfahren können, weil ich es vom Minixmeier Schuri auf einem alten Karren gelernt habe. Bald ist auch der Hubert gut zurechtgekommen.

Wegen dem Fahrrad haben wir uns nie zerstritten, weil jeder fahren hat dürfen, wann er gewollt hat, und wenn wir einen größeren Ausflug unternommen haben, sind wir abwechselnd darauf gesessen. Das haben wir so gemacht: einer ist ein Stück gefahren, dann hat er das Rad neben den Weg gelegt und ist gleich weitergelaufen. Inzwischen ist der andere herangespurtet und hat das Rad genommen und ist hinterhergesaust. So sind wir weit herumgestreunt, zum Beispiel bis zu den Flußauen, wo wir in einer großen Plätte Kapitän gespielt haben, oder bis zum Benninger Hölzl, wo viele Haselnüsse gewachsen sind, oder zur Wiesinger Kiesgrube, wo alte Matratzen und anderes Gerümpel gelegen sind.

Am Hinterrad haben wir oft mit Wäscheklammern einen Pappendeckel befestigt. Der hat gegen die Speichen gedrückt, und es hat gerattert wie ein Motorrad.

Aber dann ist etwas ganz Schlimmes passiert, und ich habe lange niemand etwas davon erzählt.

Das ist so gekommen:

Wir haben zum Aufholzner Forst fahren und dort ein Eichkätzchen fangen wollen, weil wir einen Tierpark aufgemacht haben mit einem Meerschweinchen, zwei grauen Stallhasen und einem toten Raben. Deshalb haben wir auch einen Korb dabeigehabt und ein Fangnetz, das ist ein alter Vorhang gewesen. Der Hubert hat auch noch einen kleinen Hundemaulkorb mitgenommen, weil sie einmal einen Fifi gehabt haben und weil das Eichkätzchen gern beißt, wenn man es fängt.

Bis zur neuen Brücke ist der Hubert geradelt, und ich bin hinterhergelaufen. Vor der Brücke ist er vom Rad gestiegen und hat auf mich gewartet. Ich habe ihn verwundert angesehen und gefragt, warum er nicht gleich losgespurtet ist. Da hat er gesagt, daß er nicht zum Aufholzner Forst will. Ich habe ihm vorgehalten, daß wir unbedingt dahin müssen wegen dem Eichkätzchen, aber er hat nur leise gemurmelt: „Ich mag aber nicht hin." Und er hat sich an das Brückengeländer gelehnt und ins Wasser geschaut.

Ich habe gedacht, ich muß irgendeine Gaudi machen, damit er mitfährt, und ich habe einen Stecken aufgehoben und damit gegen das Brückengeländer gedroschen. Das hat laut gescheppert. Dann bin ich das Geländer entlanggelaufen und habe den Stecken gegen die Sprossen vom Geländer gepreßt. Das hat lauter geknallt wie der Auspuff von einem

Bulldog. Dann bin ich wieder zurück und habe auf jede einzelne Sprosse geschlagen und dabei laut gezählt: „Eins — zwei! Eins — zwei! Eins — zwei!", bis ich wieder beim Hubert gewesen bin. „Es ist aufgegangen", habe ich zu ihm gesagt.

Das hat ihn interessiert, und er hat behauptet, daß es auch mit drei aufgeht.

„Mit drei geht es nicht", habe ich gesagt, „denn wenn es mit zwei geht, kann es mit drei gar nicht aufgehen."

Da haben wir gewettet.

Ich habe ein Fünferl besessen und es dem Hubert gezeigt. Der hat ein Zehnerl aus der Tasche gezogen, weil er immer mehr Geld gehabt hat.

Jetzt sind wir über die Brücke und haben gezählt: „Eins — zwei — drei! Eins — zwei — drei! Eins — zwei — drei!" Bei jeder Zahl haben wir mit dem Stecken auf eine Sprosse geschlagen. Wie wir bei der letzten Sprosse gewesen sind, hat der Hubert gewonnen gehabt. Es ist wirklich mit drei aufgegangen.

Das Fünferl habe ich hergeben müssen.

Jetzt habe ich sofort gewettet, daß es auch mit vier aufgeht, und der Hubert hat gesagt, daß er das Geld wieder hergibt, wenn er verliert. Wir sind wieder über die Brücke. „Eins — zwei — drei — vier! Eins — zwei — drei — vier! Eins — zwei — drei — vier!" Diesmal hat der Hubert dumm geschaut, weil ich gewonnen habe.

Der Hubert hat gesagt, er wettet, daß es auch mit fünf aufgeht, und wenn er verliert, geht er zu Fuß nach Haus, wenn er aber gewinnt, dann muß ich laufen, und er wird die ganze Strecke allein mit dem Rad fahren. Ich habe gewußt, daß es mit fünf gar niemals nicht aufgeht und er bestimmt laufen muß und ich werde fahren dürfen. Wir haben gezählt: „Eins — zwei — drei — vier — fünf! Eins — zwei — drei — vier — fünf!"

Es ist aufgegangen. Da bin ich ganz wild geworden und habe geschrien: „Es geht überhaupt immer auf und mit jeder beliebigen Zahl, und es ist ein Schmarren, und ich wette, daß es auch mit sechs aufgeht, und ich wette um alles!"

Der Hubert hat gesagt, daß ich spinne, weil es mit sechs bestimmt nicht aufgeht, weil sechs um eins mehr ist als fünf, aber er wettet um das ganze Rad, wenn ich unbedingt will, und wer gewinnt, dem soll es gehören und zwar ganz allein, und der andere darf es nicht einmal mehr den Berg hinauf schieben oder anrühren.

Wir sind gleich los und haben fester auf die Sprossen eingeschlagen und laut dazu gerufen: „Eins — zwei — drei — vier — fünf — sechs! Eins — zwei — drei — vier — fünf — sechs!"

Ich habe das Rad gewonnen.

Der Hubert ist ganz blaß geworden und hat gesagt, ich kann das Rad nehmen, er will es gar nicht mehr sehen, aber er wird noch einmal wetten, allerdings zum allerletzten Mal, und er gewinnt, das weiß er ganz bestimmt. Und er wettet, daß es auch mit sieben geht.

Wir haben nicht mehr gewußt, um was wir wetten sollen, aber es hat etwas ganz Besonderes sein müssen, weil wir etwas anderes gar nicht mehr besessen haben.

Da habe ich gesagt: „Wer verliert, der muß tot sein."

Der Hubert hat gesagt, daß es gilt.

Diesmal sind wir ganz langsam über die Brücke und haben sehr genau gezählt: „Eins — zwei — drei — vier — fünf — sechs — sieben! Eins — zwei — drei — vier — fünf — sechs — sieben!"

Auf die letzte Sprosse haben wir bei vier geklopft — der Hubert hat verloren gehabt. Er hat es nicht einsehen wollen, deshalb sind wir umgekehrt und haben noch einmal gezählt. Aber wieder ist die letzte eine Vierer-Sprosse gewesen und keine Siebener.

Jetzt hat keiner mehr wetten wollen.

Ich habe das Rad aufgehoben und es dem Hubert hingehalten. Er hat gesagt, ich soll mich draufsetzen, weil er es verloren hat. Ich bin ganz langsam gefahren, aber der Hubert ist nicht neben, sondern hinter mir hergelaufen. Nach einiger Zeit habe ich angehalten und den Hubert fahren lassen wollen; er hat sich geweigert. Also hat er den ganzen Weg zu Fuß laufen müssen.

Ich bin mit zu ihm nach Hause; dort habe ich das Rad unten in den Gang gestellt. Der Hubert ist sofort die Treppe hinauf in die Wohnung gelaufen.

Am nächsten Tag in der Frühe habe ich auf den Hubert gewartet. Weil er nicht gekommen ist, bin ich zu ihm hinübergegangen. Ich habe an die Küchentür geklopft, aber es hat sich niemand gerührt. Auch Wohnzimmer und Schlafzimmer sind leer gewesen. Darum bin ich auf Zehenspitzen zum Arbeitszimmer des Herrn Ellmann geschlichen. Vor der Tür bin ich stehengeblieben und habe nicht gewagt anzuklopfen. Auf einmal ist die Tür aufgegangen, und der Herr Ellmann hat herausgeschaut.

„Du willst sicher zum Hubert", hat er gesagt, und weil ich genickt habe, hat er weitergesprochen. „Hubert ist gestern abend krank geworden; er liegt in Wasserstetten im Krankenhaus. Er wird am Blinddarm operiert. In einigen Tagen wirst du ihn einmal besuchen dürfen. Du kannst heute nachmittag seine Mutter fragen, wie es ihm geht, sie ist jetzt bei ihm."

Der Herr Ellmann hat die Tür zugemacht, und ich bin die Treppe hinuntergestiegen. Unten im Hausgang habe ich das Rad gesehen. Da ist mir die Wette wieder eingefallen, und daß sie der Hubert verloren hat. Es ist mir heiß geworden, und das Rad habe ich nicht angerührt.

Kurz nach dem Mittagessen ist die Frau Ellmann zu uns gekommen. Auf dem Gang hat sie zuerst mit meiner Mutter gesprochen und später mit mir.

Sie hat mir vom Hubert erzählt.

„Es geht ihm nicht gut. Der Blinddarm war schon aufgebrochen, und nun hat er eine Bauchfellentzündung. Er möchte dich gern sehen. Ich fahre jetzt wieder zu ihm ins Krankenhaus."

Meine Mutter hat mir schon Schuhe und Strümpfe gebracht und die Joppe und hat mir mit einem feuchten Waschlappen das Gesicht abgewischt. „Damit du sauber aussiehst", hat sie dazu gesagt.

Vor dem Bahnhof ist ein Auto gestanden mit einem Chauffeur. Die Frau Ellmann hat sich mit mir hinten hineingesetzt. Sie hat mich ganz fest an sich gezogen und sich mit einem Taschentuch die Augen abgetrocknet.

Im Krankenhaus hat ein Arzt die Frau Ellmann beim Arm genommen und sie weggeführt. Ich habe warten müssen.

Ich habe lange gewartet.

Ich habe die Bilder in dem großen Gang angeschaut und sie gezählt, und die Türen und die Blumenstöcke auf der langen Bank am Fenster habe ich auch gezählt.

Endlich ist die Frau Ellmann gekommen. Sie hat mich umarmt und wieder fest an sich gepreßt, und sie hat geweint, daß ich kaum verstanden habe, was sie gesagt hat. Aber ich habe verstanden, daß der Hubert tot ist.

Fünf Tage später hat mir die Frau Ellmann das Fahrrad vom Hubert gebracht und auch seine Spielsachen und die Kleidung und die Schuhe von ihm.

Die Schuhe, die Hosen und die Hemden habe ich nicht anziehen wollen, darum hat sie meine Mutter weggeschenkt.

Ein paar Jahre danach habe ich die Sprossen an der neuen Brücke noch einmal angesehen und gezählt. Es sind sechzig gewesen. Ich habe auch nachgeprüft, ob sie mit drei, vier, fünf und sechs aufgehen. Sie sind aufgegangen.

Aber mit sieben sind sie nicht aufgegangen.

Der Luk

Wir haben die Schule eine Stunde später ausgehabt wie die Großen von der fünften Klasse, und wir haben gewußt, daß sie uns auflauern.

Ich habe gemeint, wir sollen über den Vogelberg heimgehen, dann erwischen sie uns nicht. Aber der Luk hat gesagt, es fällt ihm gar nicht ein, daß er wegen der gemeinen Bande außenherum geht, er sucht sich schon einen Stecken, mit dem er zuhaut, daß sie in die Hosen machen. Wir haben von einer jungen Esche Gerten heruntergerissen und die Blätter abgestreift. Wenn wir die Ruten durch die Luft geschwungen haben, hat es gefährlich gepfiffen. Dann sind wir am Pfarrhaus vorbei und beim Bäcker und den Grableitenweg hinunter. Wie wir beim Schusteranwesen vorbeigelaufen sind, ist der Herr Greiner auf uns zu, hat uns beim Kragen gepackt und uns die Stecken abgenommen.

„Das tät euch so passen", hat er gedroht, „immer mit dem Stecken auf die anderen losschlagen! Laßt euch bloß nicht mehr damit erwischen und macht, daß ihr nach Hause kommt!"

Der Herr Greiner hat uns nicht leiden mögen, weil uns seine rothaarige Mariele einmal beim Lehrer verschuftet gehabt hat, obwohl wir fast ganz unschuldig gewesen sind. Deshalb haben wir sie nach der Schule mit Gerten heimgetrieben und ihr immer auf die Waden geschlagen. Die Mariele ist aber schon in die siebente Klasse gegangen.

Ich habe zum Luk gesagt, es ist besser, wenn wir jetzt umkehren und doch hintenrum gehen, aber der Luk ist unbekümmert weitermarschiert, obwohl er gewußt hat, daß sie hinter der Kehrer-Reiben auf uns warten und wir keine Stecken mehr haben. Ich bin hinter ihm hergegangen.

In der Kehrer-Reiben haben wir zuerst niemand gesehen. Doch plötzlich sind sie zu viert hinter den Glashäusern von der Gärtnerei hervorgestürzt und auf uns losgestürmt.

Wir haben den Schulranzen auf den Boden geworfen, und

der Luk ist dem Forster Peter gléich mit dem Kopf in den Bauch gerannt. Der Peter hat keine Luft mehr erwischt und ist am Boden gelegen und hat geschnappt. Da sind die anderen drei über den Luk hergefallen und haben ihn umgeworfen. Jetzt habe ich einen Schulranzen beim Riemen genommen und ihn ganz schnell kreisen lassen und damit den Schindler Willi am Kopf getroffen. Der Willi hat geschrien, aber mir ist der Schulranzen aus der Hand gerutscht und im Schwung gegen ein Glashaus geflogen und durch die Scheiben hinein, daß es nur so gescheppert hat.

Wir alle sind furchtbar erschrocken und sofort abgehauen, so schnell wir haben laufen können. Der Luk hat gerade noch den einen Schulranzen gepackt. Die Großen sind in Richtung zum Schuster geflohen, wir aber sind hinunter zum Holzlagerplatz vom Herrn Häusler und haben uns hinter einem Bretterstapel verborgen. Da hat der Luk bemerkt, daß er meinen Schulranzen bei sich trägt und ich also beim Kampf den seinen herumgewirbelt habe. Demnach ist dem Luk sein Schulranzen im Glashaus gelegen.

Der Luk hat gesagt, daß er ihn holen muß, und vielleicht hat es bis jetzt noch keiner gespannt, und er will sich sofort hinaufschleichen, aber ich soll nicht bis ganz hin mitgehen, sondern aufpassen und ihn warnen, wenn einer kommt.

Wir sind wieder bis zur Gärtnerei hoch, und ich habe mich neben dem Weg in den Graben gelegt und aufgepaßt.

Der Luk ist vorsichtig auf das Glashaus zu, aber der Eingang ist auf der anderen Seite gewesen. Er hat also ums Haus herum müssen. Plötzlich hat er kurz aufgeschrien, und ich habe gesehen, wie ihn der Gärtner an den Ohren nach vorn führt. Der Gärtner hat den Schulranzen vom Luk unterm Arm gehabt.

Der Mann hat den Luk angebrüllt, daß es ihm jetzt reicht, daß alle Augenblicke eine Scheibe eingeschlagen wird von den Spitzbuben, den windigen, den Saufratzen, den nichtsnutzigen, und der Luk kann sich auf was gefaßt ma-

chen, er kommt nicht so billig davon, sondern er wird ihm
Feuer machen unter dem Hintern, und seine Mutter wird alles bezahlen müssen.

Der Gärtner ist immer recht gemein gewesen und gleich
unheimlich aufgeregt, und er hat deshalb überall der Bimmerl geheißen. Er hat oft schon geschimpft, wenn wir bloß
einen Radi ausgerissen oder Birnen vom Spalierbaum gepflückt haben.

Ich habe mich nicht aus dem Graben herausgetraut, aber
ich habe gehört, wie der Luk beteuert hat, daß er den Schulranzen gar nicht hineingeschmissen hat, sondern vielleicht
der Forster Peter oder der Schindler Willi von der fünften
Klasse. Aber der Gärtner hat nur gelacht und gesagt, das
kennt er schon, da gibt es keine Ausreden, er braucht bloß
in den Schulranzen hineinzuschauen, um das festzustellen,
und er hat den Luk fest gebeutelt und gepufft.

Da ist der Zorn in mir aufgestiegen, und eine Wut hat
mich gepackt, und ich habe einen Stein aufgehoben und
ihn gegen das Glashaus geworfen und getroffen — und ich
bin wie der Blitz davon, wieder hinunter zum Holzlager.

Der Gärtner ist ganz überrascht gewesen und hat den Luk
für einen Augenblick losgelassen, da hat der Luk den Schulranzen an sich gerissen und ist mir nach. Wir sind zwischen
die Bretterstapel hindurchgerannt, und der Gärtner ist hinter uns her und hat gebrüllt wie ein Stier.

Wir haben einen Bretterstapel gewußt, wo man darunterkriechen kann, wenn man verfolgt wird, weil wir schon
öfters Holz gebraucht haben und dabei fast erwischt worden sind.

Jetzt hat uns der Gärtner nicht mehr gesehen, er hat noch
eine Zeitlang gesucht und ist dann fluchend den Berg hinauf.

Den Glasschaden haben wir bezahlen müssen, obwohl
niemand etwas mit Sicherheit beweisen hat können. Der
Luk hat einen Teil von seinem Kegelbubengeld herausge-

rückt, und für mich hat meine Mutter das Geld hergegeben, weil ich keines gehabt habe. Mein Vater hat zwar ein furchtbares Donnerwetter losgelassen, aber ich habe gesagt, daß das Fenster aus Notwehr zerbrochen ist, und meine Mutter hat ihn besänftigt und erklärt, daß er selber schon viel mehr angestellt hat, wie er noch klein war, und sich sogar immer damit brüstet, und daß der Apfel nicht weit vom Baum fällt, und daß ich zum Namenstag eben die Trommel nicht kriege, die ich mir gewünscht habe.

Der Luk hat keinen Vater mehr gehabt, aber vier Schwestern. Sie haben mit der Mutter im Gemeindehaus wohnen müssen, weil es dort wenig gekostet hat. Die kleine Rente hat niemals gereicht, darum hat seine Mutter oft als Kellnerin gearbeitet, immer dann, wenn ein Fest gewesen ist, zum Beispiel ein Schützenfest, eine Fahnenweihe oder eine Beerdigung.

Der Luk hat sich auch selber ein Geld verdient, weil er manchmal beim Bräu den Kegelbuben gemacht hat. Ich habe auch Kegel aufstellen wollen, aber meine Mutter hat mir nicht erlaubt, daß ich bis nach Mitternacht in einem Wirtshaus bin und aufbleibe.

Der Luk ist ein Springingerl gewesen, wie meine Mutter gesagt hat; er hat sich um nichts gekümmert und hat sich alles machen getraut.

Einmal sind wir in der Kaisertenne bis unter das Dach geklettert. Unten ist ein kleiner Heuhaufen gelegen. Ich habe gesagt, wenn man weiß, daß der Haufen dick genug ist, kann man hinunterspringen, ohne daß man sich das Kreuz bricht. Der Luk hat geantwortet, das weiß er gleich, und er ist auch schon gesprungen. Er hat sich nicht weh getan, sondern sofort heraufgerufen: „Es geht schon!" Da bin ich auch gesprungen.

Immer, wenn etwas gefährlich gewesen ist, hat es der Luk vorgemacht und ausprobiert.

Einmal haben wir im Altwasser gebadet und sind auf den

Damm hinaus zum Fluß. Der ist hoch und reißend gewesen wie im Frühsommer, Äste und Balken und Baumstämme sind an uns vorbeigetrieben.

Ich habe gesagt, wenn einer gut schwimmen kann, der täte vielleicht jetzt hineinspringen und im Fluß herumtauchen und einen Baumstamm herausholen. Da hat der Luk ein großes Brett liegen sehen, hat es genommen und ist damit hineingesprungen. Das Wasser hat ihm aber gleich das Brett aus den Händen gerissen, und jetzt hat der Luk wild um sich geschlagen und fest gestrampelt und einen Hundstapper gemacht und ist wieder ans Ufer gekommen. Von da an hat er schwimmen können.

Einmal hat der Luk ein altes Fahrrad gefunden, das ist noch ganz in Ordnung gewesen, es haben bloß die Reifen und die Kette und die Bremse gefehlt. Wir haben es auf einen Berg hinaufgeschoben und sind abwechselnd damit heruntergerast. Wir sind dann Stück für Stück immer weiter hinauf, und beim Abwärtsfahren ist das Rad schneller und schneller geworden und hat uns tüchtig durchgeschüttelt. Da hat der Luk gesagt, daß er jetzt das Rad ganz hinaufschiebt, bis weit über die Kurve, und er probiert, ob er herunterkommt, ohne daß es ihn hinausträgt. Oben hat sich der Luk auf den Sattel gesetzt und die Füße hochgezogen und ist wie ein Rennfahrer bergab gesaust. In der Kurve ist er gegen einen Stein gestoßen, das Rad hat sich überschlagen und der Luk auch. Er ist aber in der Wiese gelandet, wo viel Mist aufgestreut gewesen ist, und er hat sich nicht verletzt, aber er ist furchtbar dreckig geworden und hat gestunken, daß man es gegen den Wind gerochen hat.

Ich habe ihn bewundert und gedacht, ich möchte auch so viel Schneid haben wie der Luk.

Goldregen

Hinter dem Bahnhof ist das Lagerhaus gewesen. Der Quasi hat es verwaltet; er hat immer gottserbärmlich geflucht, wenn wir hineingegangen sind, weil er für Ordnung sorgen muß und wir immer nur Unordnung anrichten und alles kaputthauen.

Zum Lagerhaus haben die Bauern das Getreide gebracht; es ist dort im ersten Stock gelagert worden. Bei dieser Gelegenheit haben sie dann vielleicht eine Sense oder einen Rechen gekauft oder einen Kunstdünger oder auch einen Zement, wenn sie gerade etwas gebaut haben.

Der Luk und ich sind oft im Lagerhaus herumgetollt. Wir haben uns nur wenig daraus gemacht, wenn uns der Quasi erspäht hat, denn er ist recht dick und unbeweglich gewesen und wir recht schnell. Wir sind einfach um die Regale herumgelaufen oder über Säcke geklettert und haben Zaungitterrollen umgeworfen oder einen Kistenstapel zum Einsturz gebracht, und dann haben wir wieder gewartet, bis der Quasi nachkommt. Der Quasi hat hinter uns gedroht und dabei geschnauft wie ein Nilpferd, aber er hat uns nie erwischt.

Im Lagerhaus ist ein Aufzug gewesen, mit dem man sich selber hinaufziehen oder herunterlassen hat können.

Mit dem Aufzug habe ich immer schon gern fahren wollen, aber das hat der Quasi stets zu verhindern gewußt.

Ich habe dem Luk gesagt, wie wir es machen.

Am Samstag bin ich allein ins Lagerhaus geschlichen, ohne daß mich der Quasi gesehen hat. Beim hinteren Fenster habe ich den Riegel aufgezogen, und dann habe ich mich unbemerkt verzogen.

Am Sonntag ist dem Luk während der Kindermesse plötzlich schlecht geworden, und er hat die Kirche durch den Haupteingang verlassen. Ich habe mich erst ein paar Minuten später nicht mehr wohl gefühlt, aber ich bin durch die Sakristei gegangen. Dort ist die Mesnersfrau auf einem

Betschemel gesessen. Sie hat sich gleich um mich gesorgt und mir Hoffmannstropfen auf einem Zuckerstück geschenkt und mir zugeredet, das komme vom schnellen Wachsen, und es werde gleich wieder gut, wenn ich in der frischen Luft sei und nach Hause gehe. Ich habe geantwortet, daß das meine Mutter auch immer sagt und habe mich bedankt und bin schnell durch die Tür ins Freie.

Beim Lagerhaus haben wir uns getroffen.

Wir haben das Fenster nach innen gedrückt, sind hineingestiegen und gleich zum Aufzug gelaufen. Der Aufzug ist prima gegangen. Wir sind allein und auch zu zweit gefahren, hinauf in den ersten Stock und hinunter bis in den Keller und wieder hinauf und wieder hinunter, bis uns die Arme weh getan haben vor lauter Ziehen und Bremsen.

Ich habe im Keller ein Getreidesieb gesehen, da ist mir etwas eingefallen. Ich habe dem Luk gesagt, daß wir Goldgräber spielen, und ich weiß, wie man das macht, weil mir meine Schwester oft aus dem Karl May vorgelesen hat. Man braucht ein Sieb und eine Schaufel und eine Hacke und unbedingt auch einen Berg, wo Gold drinnen ist. Die Hacke und die Schaufel haben wir bald gefunden und auch einen leeren Sack für das Gold. Jetzt hat bloß noch der Goldberg gefehlt. Für ihn hat ein Haufen mit vollen Getreidesäcken herhalten müssen.

Unter fürchterlichem Kriegsgeschrei haben wir den Goldberg erstürmt und die Indianer vertrieben, aber einen hat der Luk mit der Schaufel erschlagen.

Jetzt habe ich die Hacke fest in den Berg gehauen, bis die Goldkörner herausgeronnen sind. Der Luk hat sie in das Sieb geschaufelt und gerüttelt. Dann haben wir nicht mehr weiterarbeiten können, weil wir im ganzen Lagerhaus vergeblich nach einem Wasserhahn gesucht haben. Ohne Wasser kann man aber das Gold überhaupt nicht herauswaschen.

Der Luk hat gesagt, daß ihm das nichts ausmacht, weil er gar nicht mehr Goldwaschen mag, er möchte lieber einen leeren Sack mit Getreide füllen.

Das ist eine gute Idee gewesen.

Wir haben schon oft gesehen, wie das gemacht wird. Das Getreide ist im ersten Stock gelegen. Es ist durch ein dickes Rohr heruntergerieselt, wenn man an einer Schnur gezogen hat. An das dicke Rohr haben wir den leeren Sack befestigt. Dann haben wir darum gezwickt, wer den ersten Sack füllen darf.

Der Luk hat gewonnen.

Er hat an der Schnur gezogen, die Klappe hat sich geöffnet und das Getreide ist mit unheimlicher Wucht heruntergeschossen und hat den Sack mitgerissen und den Luk auch. Ich habe ihn noch schnell beim Fuß gepackt und aus dem Berg gezogen, der ganz plötzlich und mit großer Geschwindigkeit von unten nach oben gewachsen und immer breiter und höher geworden ist. Vor lauter Schreck haben wir nicht an der Schnur gezogen, und deshalb ist der Berg weitergewachsen und immer breiter und höher geworden, bis er schließlich selber das Rohr abgedichtet hat.

Wir haben probiert, ob man den Getreideberg hinaufklettern kann, aber wir sind immer wieder heruntergerutscht. Das ist eine Mordsgaudi gewesen. Wir sind wie die Schnellläufer den Berg hinaufgerannt, aber unsere Füße sind leer durchgegangen, und wir sind nicht nach oben gekommen. Der Berg ist dabei immer breiter geworden, aber nicht niedriger, weil von oben immer wieder Getreide nachgeronnen ist. Wir haben uns ganz heiß gelaufen, weil es so schön gewesen ist und wir so etwas noch nie gemacht haben.

Wie wir müde geworden sind, habe ich zum Luk gesagt, ich bin ein Getreidesack, und er muß mich fahren. Ich habe mich auf einen Sackwagen gestellt und mit den Händen oben eingehalten und unten mit den Zehen festgekrallt. Der Luk hat mich ganz wild umhergefahren. Plötzlich hat er die Kurve nicht mehr gekriegt und ist ausgerutscht und hingefallen, aber der Sackwagen ist mit mir weitergerollt und gegen die Mauer geprallt. Das Eisenblech des Karrens hat mir die große Zehe fast auseinandergeschnitten, und ich habe geschrien wie am Spieß und bin auf einem Bein gehüpft. Dann habe ich mir das Taschentuch um die Zehe gebunden, und wir sind durch das Fenster gestiegen und zu mir nach Haus gegangen.

Inzwischen ist die Kirche zu Ende gewesen.

Meiner Mutter habe ich erzählt, daß ich auf dem Kirchweg in eine Glasscherbe getreten bin. Sie hat mir gleich einen sauberen Verband gemacht und mich getröstet, und sie hat jedem von uns ein Stück Kuchen gereicht.

Am Montag hat es im Dorf eine große Aufregung gegeben. Der Quasi ist überall herumgelaufen und hat erzählt, daß gemeine Buben ein Verbrechen begangen haben, und er hat auch meine Mutter aufgesucht und zu ihr von einem gewissen dringenden Verdacht gesprochen, der sich gegen mich richtet. Dann ist er zum Lehrer gerannt und meine Mutter ist mitgegangen.

Dem Lehrer hat der Quasi gesagt, er weiß ganz sicher, daß zumindest ich dabei gewesen bin, weil er mich schon oft im Lagerhaus gesehen und hinausgewiesen hat, und daß ich ihn immer geärgert habe und vieles kaputtgemacht.

Der Lehrer hat dem Quasi zugestimmt und gesagt, er glaubt auch, daß er es mir zutraut, weil er mich kennt, und daß ich eine Veranlagung zu solchen Taten habe. Aber meine Mutter hat energisch beschworen, daß ich es nicht gewesen sein könne, weil ich nach der Kirche gleich nach Hause gegangen sei und mir dabei eine Glasscherbe in den Fuß getreten habe und den ganzen Sonntag herumhinken mußte. Und sie hat auch hinzugefügt, daß auch sie mich gut kennt und von keiner solchen Veranlagung etwas weiß.

Der Lehrer hat nun gemeint, daß er es auch nicht ganz glaubt, daß ich es gewesen bin, und er habe auch nur gesagt, daß ich eventuell für die Tat in Frage käme, aber geradesogut auch ein jeder andere, und er wird der Sache nachgehen.

Ich bin ganz mühsam an meinen Platz gehumpelt, und

der Quasi ist rausgegangen und hat gegen mich geschimpft, und meine Mutter ist nach Hause.

Der Lehrer hat alle anderen vernommen, aber es ist keiner von ihnen gewesen.

Gummimanndl

In der vierten Klasse ist der Gummimanndl unser Lehrer geworden.

Vor dem Unterricht ist er hereingestürzt und rauf auf den Katheder und hat seine Mappe hingeworfen und ist wieder raus und ins Lehrmittelzimmer und hat eine Karte geholt. Die Karte hat er in die Ecke gestellt und ist schnell zur hinteren Bank und hat dem Rupfer Kaspar eine runtergehauen, weil der gerade die Hausaufgabe abgeschrieben hat. Dann hat er die Karte entrollt und seine Mappe geöffnet. Jetzt hat er gesehen, daß der Luk mit dem Peter Karten spielt, und er ist auf sie los, hat die Karten gepackt und zerrissen und die Fetzen in den Papierkorb geworfen. Dann hat er sich hinter den Katheder gesetzt und das Klassenbuch aufgeschlagen und gerufen: „Alles auf die Plätze!"

Wir haben uns langsam hingesetzt, aber der Gummimanndl ist sofort wieder hochgefahren und zur Tür raus und hat ein Bild geholt mit einem Postboten drauf. Er hat das Bild neben die Tafel gelehnt und noch einmal gerufen: „Alles auf die Plätze!"

Wir haben uns zum Beten aufstellen müssen, aber während dem Beten hat sich der Gummimanndl geschneuzt und schnell einen Schnupftabak genommen.

So ist es den ganzen Vormittag dahingegangen, und weil er alles hat überwachen wollen, ist ihm gar viel entgangen, was wir gemacht haben.

Der Gummimanndl ist immer gleich furchtbar wild geworden, wenn wir bloß eine Kleinigkeit angestellt haben, zum Beispiel, wenn wir einen Zeitungspapierschnalzer haben krachen lassen,

oder wenn einer seine Pausebrottüte aufgeblasen und zusammengeschlagen hat,

oder wenn zwei auf einer Bank um die Wette geschoben haben und dabei einer auf den Boden gefallen ist,

oder wenn einer das Lesebuch mit einem Knall zuge-
klappt hat,

oder wenn einer auf dem schrägen Pult einen Tank hat
hinauffahren lassen.

Den Tank haben wir selber gebaut.

Für den Tank braucht man eine Fadenspule aus Holz und
einen kleinen Batzen Wachs und ein kurzes und ein langes
Steckerl, und von einem alten Fahrradschlauch muß man
drei Gummiringe herunterschneiden. In die beiden Ränder
von der Fadenspule muß man rundum Kerben hineinma-
chen und einen Gummiring doppelt herumlegen, damit der
Tank nicht rutscht. Das Wachs muß man in der Hand kne-
ten, bis es weich ist, und daraus eine Kugel drehen. Die Kugel wird auf der einen Seite flach gedrückt, und in die andere Seite kommt eine Rille hinein. Den dritten Gummiring
muß man durch das Loch von der Fadenspule hindurchfä-
deln und dort, wo er herausschaut, mit dem kurzen Steckerl
festhalten. Das andere Ende vom Gummiring kommt durch
ein Loch, das durch die Mitte vom Wachsbatzen gebohrt
wird. Man steckt das lange Steckerl so in das andere Ende
vom Gummiring, daß es in der Wachsrille liegt. Das kurze
Steckerl muß man anleimen oder festnageln. Jetzt muß das
lange Steckerl gedreht werden, aber nicht zu oft, weil sonst
der Gummi reißt. Dann ist der Tank aufgezogen.

Der Gummimanndl hat oft geschnupft.

Wenn er aufgeregt gewesen ist, hat er plötzlich eine dun-
kelbraune Schnupftabaksdose aus der Joppentasche geholt,
eine Prise auf den Daumen gelegt, unter das rechte Nasenloch gehalten und fest hochgezogen. Dann hat er das gleiche
auch noch für das linke Nasenloch gemacht. Aus seiner Hosentasche hat immer ein riesiges rotes Taschentuch herausgeschaut, mit dem hat er sich den Bart und die Nase abge-
putzt.

Wir haben gemeint, daß es ihn reißt, wenn er geschnupft

hat, weil wir es auch schon versucht haben, aber den Gummimanndl hat es nie gerissen.

Ich habe zum Luk gesagt, daß der Gummimanndl vielleicht gar keinen richtigen Schnupftabak benützt, sondern bloß so tut, und wir müssen es ausprobieren.

In der Pause hat der Gummimanndl oft seine Joppe auf dem Stuhl hängen lassen, aber wir haben nie im Schulzimmer bleiben dürfen, sondern hinausgehen müssen, und die Tür ist zugesperrt worden. Deshalb bin ich mit dem Luk durch das Fenster ins Klaßzimmer gestiegen, und wir haben eine Prise geschnupft. Es hat uns furchtbar gerissen, da haben wir gewußt, daß es ein echter Schnupftabak ist.

Der Luk hat gesagt, wir müssen den Schnupftabak stärker machen, damit es den Gummimanndl auch reißt.

Am nächsten Tag hat der Luk eine kleine Tüte mit Pfeffer mitgebracht, den haben wir während der Pause in den Schnupftabak gemischt.

Wir haben es allen erzählt, damit sie aufpassen, wenn er eine Prise nimmt. Wir haben lang gewartet, aber er hat nicht geschnupft.

Ich habe gedacht, es ist vielleicht gut, wenn ich ihn aufrege, dann schnupft er schon. Deshalb habe ich die blecherne Gießkanne vom Fensterbrett genommen und runtergeworfen. Da ist der Gummimanndl unverzüglich auf mich zu und hat mich am Ohrläppchen gepackt und mit mir zusammen die Gießkanne aufgehoben und geschrien, daß ich den Unterricht stören will, und er zeigt mir schon, wo der Bartl den Most holt.

Dann ist er gleich nach vorn zu seiner Joppe gelaufen und hat die Schnupftabaksdose herausgeholt. Er hat eine Prise auf den Daumen gelegt und unter das rechte Nasenloch geführt und fest hochgezogen. Dann hat er es auch für das linke Nasenloch gemacht.

Aber es ist nichts passiert.

Wir haben schon geglaubt, daß der Pfeffer nichts anrichtet, da ist er auf einmal ganz steif geworden und hat die

Augen verdreht, und dann hat es ihn gerissen, daß wir gemeint haben, es zerplatzt ihm der Kopf. Das Wasser ist ihm in die Augen geschossen, und es hat ihn noch einmal gerissen, und es hat weit gespritzt, und er hat nach Luft geschnappt wie der Fisch auf dem Land.

An diesem Tag hat er nicht mehr geschnupft, erst wieder am nächsten, aber da hat es ihn nicht gerissen. Die Schnupftabaksdose hat er jetzt aus der Hosentasche geholt und nicht aus der Joppe. Dabei hat er uns mißtrauisch angesehen.

Den Gummimanndl hat keiner von uns gefürchtet, höchstens ein paar von den Mädchen — und der Grießer Ponkraz.

Der Ponkraz hat immer gleich Angst gehabt und geweint und nie etwas mitgemacht. Wenn wir gerauft haben, ist er sofort weggelaufen. Wir haben ihm oft gedroht, daß wir ihm eine runterhauen, bloß weil wir sehen haben wollen, wie er weint. Erst hat er gezuckt und gebibbert, dann ist ihm auch schon der Rotz aus der Nase und das Wasser über die Wangen gelaufen. Wie Fasching gewesen ist, hat er sich kaum auf die Straße getraut.

Einmal hat der Schon-Hans am Faschingsdienstag einen Heuteufel gemacht. Dazu hat er sich die Füße und die Arme und den ganzen Körper mit einem dicken Heuseil umwickelt und eine ganz gräusliche alte Maske aufgesetzt mit schwarzen Ohren und roten Hörnern und einer furchtbaren Grimasse. Ich habe ihn an einem Strick in die Schule geführt. Wie ihn der Ponkraz gesehen hat, ist er vor Angst wie ein Bock gesprungen und im Galopp davongelaufen. Der Luk ist ihm nach und hat ihm sagen wollen, daß er sich nicht fürchten muß, weil in dem Heuteufel nur der Schon-Hans drinsteckt und als Maskera geht, aber der Ponkraz hat sich erst beruhigen lassen, wie er hinter dem Schulhaus gewesen ist und den Heuteufel nicht mehr gesehen hat.

Da ist mir etwas eingefallen.

In unserem Schulzimmer ist ein hoher Schrank gestanden mit nur einer Tür, darin sind bloß ein paar Besen und alte Landkarten aufbewahrt worden. Die haben wir herausgeräumt und den Heuteufel hineingestellt.

Dann ist kurz vor acht der Gummimanndl gekommen, und auch die anderen Kinder haben lärmend den Klaßraum betreten. Sie sind fast alle maskiert gewesen und haben laut getobt und geschrien und sind herumgehüpft und haben mit Stopselrevolvern geknallt und Luftschlangen geworfen, und es hat lange gedauert, bis der Gummimanndl ein wenig Ruhe in den Haufen gebracht hat. Wie wir dann endlich alle in den Bänken gesessen sind, hat es dumpf gepumpert und der Heuteufel ist aus dem Schrank gestiegen. Da ist eine unheimliche Gaudi ausgebrochen, und auch der Gummimanndl hat gelacht, aber der Ponkraz nicht, sondern er hat schrill geschrien und ist gleich vor zum Gummimanndl und hat sich hinter ihm versteckt und an ihm festgehalten.

Da hat der Gummimanndl befohlen, daß der Heuteufel die Maske herunternehmen muß, denn der Ponkraz soll sehen, daß wirklich nur der Schon-Hans drinsteckt. Aber der Ponkraz hat noch lang gezittert und ganz komisch geschaut, und sein Gesicht ist weiß geblieben. Der Gummimanndl hat ihn selber an seinen Platz geführt.

Einmal hat der Gummimanndl drei Äpfel mitgebracht. Vor dem Unterricht hat er einen Apfel in zwei Teile zerschnitten und einen anderen in vier. Den ganzen Apfel und die zwei Halben und die vier Viertel hat er nebeneinander auf den Katheder gelegt, damit wir sie sehen.

Nach dem Beten ist er neben den Katheder getreten und hat auf die Äpfel gedeutet und erklärt, daß der ganze Apfel ein ganzer Apfel ist, und der andere besteht aus zwei Hälften, zu denen man auch Halbe sagen kann, und der dritte aus vier Vierteln. Dann hat er uns gezeigt, daß man zwei Viertel zu einem Halben zusammenbauen kann, was aber nicht gestimmt hat, weil der geviertelte Apfel kleiner gewesen ist. Jetzt hat er die Äpfel an die Tafel gezeichnet, aber noch bevor er damit fertig geworden ist, hat es geklopft und der Gummimanndl ist hinaus. Wir haben gehört, wie er mit jemanden redet und weggeht.

Da habe ich zum Luk gesagt, wenn man die Äpfel an die Tafel gezeichnet hat, braucht man vielleicht die echten gar nicht mehr, und ich habe mir vom Katheder ein Viertel geholt und es aufgegessen. Sofort sind auch andere herausgestürmt, und jeder hat einen Apfel haben wollen. Der Schon-Hans hat den Ganzen erwischt, und im Nu ist keiner mehr dagewesen.

Der Gummimanndl ist wieder erschienen und hat uns geschimpft, weil wir so laut sind und er sich schämen muß, wenn jemand kommt. Dann hat er an der Tafel weitergezeichnet.

Auf einmal hat er bemerkt, daß die Äpfel nicht mehr da sind. Erst hat er die Augen aufgerissen und gestutzt, dann hat er zu schreien angefangen, daß es unerhört ist, wenn er eigens ein Demonstrationsmaterial mitbringt, damit er uns die Halben und die Viertel in den blöden Kopf hineintrichtern kann, und wir sind eine unverschämte Bande, und er sagt: „Wer war es?"

Der Schon-Hans ist beinahe erstickt, weil er noch den Apfel hinunterdrücken hat müssen, ehe der Gummimanndl auf ihn los ist und geschüttelt und ihn angebrüllt hat: „Wer war es?"

Dann hat er den Grießer Ponkraz gesehen.

Auf den Ponkraz ist der Gummimanndl sonst nie los, aber diesmal muß ihn eine so ungeheuerliche Wut gepackt haben, daß er unbedingt hat wissen wollen, wer die Äpfel gegessen hat.

Der Grießer Ponkraz hat gleich zu weinen angefangen. Das hat ihm aber nichts geholfen, denn der Gummimanndl hat ihn an der Joppe herausgezerrt bis nach vorn zum Katheder.

„Wer war es?" hat er ihn angeschrien.

Den Ponkraz hat es gestoßen, und er hat geschluckt und bald angstvoll zu uns hergesehen und bald auf den Gummimanndl, er hat die Augen weit geöffnet und die Hände vor sich hingestreckt.

Da hat ihn der Gummimanndl kräftig gebeutelt und ihn noch einmal angebrüllt: „Wer war es? Wer war es?"

Der Ponkraz hat laut geschluchzt und den Kopf auf- und abgeruckt und dabei jedesmal den Mund weit geöffnet, wie wenn er keine Luft mehr kriegt. Dann hat er tief aufgeseufzt und herausgepreßt: „Ich . . . ich . . ."

In der Klasse ist es ganz still gewesen, und alle haben es gehört. Der Gummimanndl hat den Ponkraz losgelassen, und seine Wut ist so rasch verraucht gewesen, wie sie ihn überfallen hat. Er hat zuerst den Ponkraz angesehen, dann hat er zu uns herübergeschaut und gesagt: „Der Ponkraz ist es bestimmt nicht allein gewesen, ganz bestimmt nicht. Und ihr bleibt deshalb heute eine Stunde länger da, alle miteinander." Und er hat den Ponkraz nicht über eine Bank gelegt und ihm den Hintern versohlt, wie er es bei uns immer gemacht hat, sondern an seinen Platz gehen lassen.

Wir haben wirklich eine Stunde länger dableiben müssen und Schönschreiben und ganz leise sein und nicht schwätzen dürfen, weil der Gummimanndl ganz scharf aufgepaßt hat.

Nach der Schule hat der Schon-Hans seinen schönen Holzkreisel dem Grießer Ponkraz geschenkt und eine halbe Brezen dazu. Wir haben ihn von da an immer in Ruhe gelassen und ihm nicht mehr gedroht, daß wir ihm eine runterhauen, bloß damit wir sehen, wie er weint.

O Tannenbaum

Den Herrn Oberförster haben wir nicht leiden mögen.
Der Schon-Hans hat eine Idee gehabt, wie wir ihm etwas
antun können.
Vom Schon-Hans muß ich zuerst erzählen.
Der Schon-Hans hat eigentlich Gerber Hans geheißen,
aber der Gummimanndl hat gesagt, daß man ihn schon
Schon-Hans nennen darf, denn er verwendet in seinen Auf-
sätzen immer das Wort ‚schon‘.
Wir haben geglaubt, daß der Hans immer die schönsten
Aufsätze schreibt, weil ihm zu jeder Überschrift etwas ein-
gefallen ist, auch wenn es ein richtiger Unsinn gewesen ist
und wir überhaupt nicht gewußt haben, was wir schreiben
sollen.
Einmal hat der Gummimanndl einen Aufsatz vom Schon-
Hans an die Tafel geschrieben, damit wir ihn alle sehen und
daraus lernen, wie man einen Aufsatz nicht machen darf.
Der Aufsatz hat geheißen „Ich beobachte eine Katze“.
Wir alle haben geschrieben, daß die Katze einen Buckel
macht und kratzt und faucht, und daß sie Mäuse fängt und
ein Fell hat und hinten einen Schwanz. Das hätten wir aber
gar nicht schreiben brauchen, weil das jeder weiß und man
es nicht erst lernen muß.
Der Schon-Hans aber hat etwas ganz anderes geschrieben:

Ich beobachte eine Katze

Schon sind die Ferien angegangen und schon habe ich zu
meinem Onkel fahren dürfen und zu meiner Tante und zu
meinem Vetter weil sie schon einen Bauernhof im Gebirge
gehabt haben und wir haben sie alle schon schön hergerichtet weil wir sie schon hinuntergetrieben haben weil schon
Almabtrieb gewesen ist und schon hat meine Tante den
Stecken genommen und ich habe ihr schon die Glocke um-
hängen dürfen weil sie schon immer die Leitkuh gemacht

hat und schon ist mein Onkel und mein Vetter und auch alle anderen Rindviecher gekommen und schon ist die ganze Herde ins Tal hinunter und schon bald unten gewesen und mein Onkel hat schon eine Katze gehabt und schon dreimal Junge geworfen und schon sind die Ferien aus gewesen und schon ist die Schule wieder angegangen.

Wir haben geglaubt, daß der Aufsatz vom Hans spannend ist und sehr lustig obendrein und nicht so langweilig wie die anderen, weil bei uns nur eine Katze vorgekommen ist, beim Hans aber auch noch der Onkel und die Tante und das Vieh. Aber der Gummimanndl hat erklärt, daß der Hans das Thema verfehlt hat, obwohl seine Katze sogar Junge gekriegt hat und unsere Katzen nicht, und er hat gesagt, daß der Hans immer ‚schon' schreibt, und daß er ihn deswegen den Schon-Hans heißen wird.

Der Hans hat sich gefreut, weil sein Aufsatz an der Tafel gestanden ist.

Wenn wir den Herrn Oberförster gesehen haben, sind wir ganz nahe zu ihm hin und haben uns gegenseitig gefragt: „Wie heißt dein Vater?" Und wer gefragt worden ist, hat ganz schnell hintereinander immer wieder gesagt: „Hirsch-heißt-er! Hirsch-heißt-er!" Da ist der Herr Oberförster im Gesicht so grün geworden wie der Stoff von seiner Joppe, aber er hat nichts machen können, weil er wirklich Hirsch geheißen hat.

Der Hirsch hat alles verboten und nie etwas erlaubt.

Wenn wir zum Beispiel Indianer gespielt und am Waldrand ein Wigwam aus Rinden gebaut und ein Feuer angezündet haben und der Hirsch uns dabei erwischt hat, ist er ganz wütend aus dem Wald herausgestapft und hat uns das Wigwam umgeworfen und das Feuer ausgetreten.

Oder er hat uns vertrieben, wenn wir am Lengdorfer Weiher gebadet haben, weil das ein Forstgrund ist. Aber er selber hat schon darin gebadet und seine Frau auch, und sie

haben es ohne Badeanzug getan, wie wir einmal spät am Abend gesehen haben. Wir sind herangeschlichen und haben ihr Gewand auf einen Baum gehängt. Da haben sie dann überall gesucht, aber dabei nicht nach oben geschaut, und am Schluß sind sie hintenherum ins Dorf geschlichen, weil sie miteinander bloß ein einziges Handtuch gehabt haben.

Wenn wir im Bach gefischt haben, hat uns der Herr Oberförster die Angelstecken weggenommen. Aber das hat uns gar nichts ausgemacht, weil wir nur selten einen Fisch mit dem Haken, aber viele mit den Händen unter den Steinen am kleinen Wehr herausgeholt haben.

Der Hirsch hat viele Hochstände gebaut, und er ist sehr oft mit dem Gewehr auf einem gesessen oder auch mit dem Fernglas und hat geschaut, ob er ein Reh erwischen kann oder einen von uns.

Der Schon-Hans hat gesagt, daß der Hirsch für zwei Tage verreist, das weiß er von seinem Vater, und daß wir jetzt etwas machen müssen, und wir brauchen eine Säge dazu.

Der Luk und ich sind mit ihm hinaus und den ganzen Wald abgelaufen, von einem Hochstand zum anderen. Beim ersten Ansitz haben wir nur die Leitersprossen eingesägt, aber bald haben wir bemerkt, daß man noch viel mehr einschneiden kann, nämlich die Lehne, den Sitz und die Stangen von den Leitern. Es ist eine Hundsarbeit gewesen, und die Arme haben uns geschmerzt, aber wir haben immer abwechselnd gesägt und es endlich geschafft.

Ein paar Tage nachdem der Hirsch wieder von der Reise zurückgekehrt ist, haben wir erfahren, daß der Gendarm überall herumfragt und im Wald nach Spuren sucht. Der Hirsch hat bei allen erzählt, daß er die Missetäter schon kennt und sie fassen und zur Strecke und zum Reden bringen wird. Der Gendarm hat auch beim Schon-Hans und beim Luk nachgefragt, aber die haben geantwortet, daß sie nichts wissen. Die Leute im Dorf haben auch nichts gewußt und bloß gesagt, daß es ihnen egal ist, wenn der Hirsch neue Hochstände bauen muß, dann kann er eine Zeitlang wenigstens keine Hunde oder Katzen erschießen.

In dem Jahr, wo der Gummimanndl unser Lehrer geworden ist, haben wir eine Weihnachtsfeier machen dürfen. Die Mädchen haben lange weiße Nachthemden angezogen und sich die Haare heruntergelassen und einen goldenen Reifen aus Papier aufgesetzt, denn sie sind alle Engel gewesen. Der Luk und ich und noch ein paar, wir haben alte Hüte getragen und einen dicken Stock mitgebracht, weil wir die Hirten gespielt haben.

Der Gummimanndl hat gesagt, daß wir auch noch einen Christbaum brauchen, und ob einer von den Bauernbuben eine Fichte oder eine Tanne stiften kann. Der Schon-Hans hat sich gemeldet, weil sein Vater einen großen Wald besessen hat. Der Gummimanndl hat sich darüber gefreut und ihm eingeschärft, er will auf keinen Fall, daß der Hans den Baum aus einem fremden Wald stiehlt oder aus dem Forst, weil er weiß, daß die Bauern den Christbaum für sich nie aus dem eigenen Wald schlagen, sondern immer woanders. Und der Christbaum soll mindestens zwei Meter lang sein oder etwas länger, und er soll auch schön sein und gerade gewachsen, damit wir bei der Schulfeier nicht den allerwindigsten Besen haben.

Der Schon-Hans hat alles versprochen.

Nach der Schule ist er gleich zu mir und zum Luk gekommen und hat gesagt, daß er einen Christbaum besorgen will, da werden alle die Augen aufreißen, wenn sie ihn sehen, und wir sollen ihm dabei helfen.

Wir haben ausgemacht, daß wir den Baum am Donnerstag in der Frühe um halb sechs holen, weil der Hirsch an diesem Tag immer in die Stadt zum Forstamt fährt.

Am Donnerstag sind wir dann nicht ins Engelamt gegangen, sondern in den Wald, und um halb sieben sind wir beim Gummimanndl vor der Wohnung gestanden.

Wie der Gummimanndl unseren Baum gesehen hat, ist er gleich ganz verlegen gewesen und hat gestaunt und nicht recht gewußt, was er sagen soll. Dann hat er zu stottern angefangen: „Das ist ja eine echte... Die hat ja mindestens vier Meter... Ich habe noch nie so eine schöne... Jetzt sagt aber sofort, wo ihr die her habt!"

Der Schon-Hans hat erwidert, er weiß schon, daß es eine echte Blautanne ist, aber sein Vater hat gesagt, er will für die Schulweihnachtsfeier etwas ganz Besonderes hergeben und sich nicht blamieren, und ob dem Herrn Lehrer der Baum gefällt.

Der Gummimanndl hat beteuert, er kann es noch gar nicht recht glauben, daß er einen so schönen Baum besitzt, und er ist dem Vater vom Hans äußerst dankbar und geradezu gerührt über eine solche Gabe. Dabei hat der Gummimanndl ganz glänzende Augen bekommen. Dann hat er gesagt, daß der Baum zu lang ist, und wir möchten doch zwei Meter davon abschneiden.

Wir haben den Baum vom Schlitten abgeladen und mit der Säge um ein gutes Stück verkürzt.

Der Gummimanndl hat uns gebeten, daß wir ihm auch dieses Stück belassen, weil es so schöne Äste hat, und er ist ins Haus hinein und hat uns eine Schokolade gebracht. Dabei hat er gesagt, wir sollen den Baum hier bei seiner Wohnung ablegen und ihn erst drei Tage vor dem Spiel zur Schule bringen, damit er nicht beschädigt wird. Das haben wir ihm zugesichert, und er hat sich nochmals bedankt und wir auch für die Schokolade und sind weggegangen.

Am nächsten Tag ist es schon passiert.

Vor der Zehn-Uhr-Pause hat es fest geklopft, und der Hirsch ist vor der Tür gestanden. Er ist ins Schulzimmer getreten und hat zum Gummimanndl gesagt, daß etwas unvorstellbar Entsetzliches geschehen ist, ein ungeheurer, nicht wieder gutzumachender Waldfrevel, daß nämlich die einzige Blautanne, die in seinem ganzen Revier wächst, weit oberhalb der Mitte geköpft worden ist, und er will die Kinder befragen, ob sie etwas davon wissen, weil er es unbedingt herausbekommen muß, und er setzt eine ansehnliche Belohnung aus, und es erscheint ihm unfaßbar, daß es so rohe Menschen gibt, denen gar nichts heilig ist und die den allerschönsten Baum einfach verschandeln und zerstören für nichts und wieder nichts.

Der Hirsch hat sich die Augen gewischt, vielleicht aus Zorn oder Empörung oder auch aus Trauer über den abgeschnittenen Baum.

Wir haben einen fürchterlichen Schrecken gekriegt und geglaubt, es ist alles aus.

Der Gummimanndl ist vor Überraschung völlig erstarrt und leichenblaß geworden.

Er hat dem Hirsch mit rauher Stimme versprochen, daß er die Kinder eindringlich befragen wird, aber er hat nicht gesagt, daß er den Baum schon kennt und die Täter auch.

Bei der Weihnachtsfeier haben wir dann nur einen ganz gräuslichen Besen von einem Tannenbaum gehabt, den ein Bauer hergeschenkt hat, weil er ihn nicht verkaufen hat können, aber ich glaube, daß der Gummimanndl am Heiligen Abend in seinem Wohnzimmer einen sehr schönen Christbaum gehabt hat — vielleicht sogar eine echte Blautanne.

Der Gruber

Wie der Herr Kooperator Gruber in den Pfarrhof gezogen ist, haben wir ihn als Religionslehrer bekommen. Bei ihm haben wir im Unterricht viel Gaudi machen dürfen, und es ist immer sehr lustig gewesen.

Bei der ersten heiligen Kommunion hat er für uns ein großes Fest aufgezogen. Nach dem Mittagessen hat er die ganze Klasse zu sich in den Pfarrhof eingeladen. Im Garten sind Tische und Bänke gestanden, und wir alle haben Kuchen und ein Heiligenbild erhalten und Spiele gemacht.

Zum Beispiel hat der Gruber den Luk gefragt, ob er Tropfen zählen will, und wie der Luk ja gesagt hat, hat der Gruber eine große Schüssel mit Wasser gebracht und eine Kerze angezündet. Der Luk hat sich mit dem Gesicht über die Schüssel beugen müssen, bis er mit der Nase das Wasser berührt hat. Dann hat der Gruber von der Kerze Wachs ins Wasser tropfen lassen, und der Luk hat die Tropfen gezählt: „Eins, zwei, drei, vier, fünf." Wie der Luk bei fünf gewesen ist, hat der Gruber mit der flachen Hand kräftig ins Wasser gepatscht, daß es nach allen Seiten gespritzt ist. Da hat der Luk ausgesehen wie eine getaufte Maus.

Wir haben dazu gelacht.

Die Kienzle Christine hat der Gruber aufgefordert, daß sie mit ihm Grimassenschneiden übt. Er hat zwei Topfdeckel geholt und selber einen behalten und den anderen der Christine gegeben. Sie haben sich gegenübergesetzt, der Gruber hat auf die Christine geschaut, und die Christine hat dem Gruber fest in die Augen schauen müssen. Den Deckel haben sie vor sich gehalten. Jetzt ist der Gruber mit einem Finger auf der hinteren Seite vom Deckel entlanggefahren, hat wilde Grimassen geschnitten und sich dabei mit dem Finger übers Gesicht gestrichen. Die Christine hat es ihm nachgemacht. Aber auf ihrem Deckel ist hinten Ruß drauf gewesen, und so hat sie ihr ganzes Gesicht schwarz verschmiert, daß sie ausgesehen hat wie ein Indianer auf Kriegspfad.

Wir haben recht lachen müssen.

Jetzt hat der Gruber den Kerscher Bepp gefragt, ob er Sterngucken möchte. Der Bepp hat gemeint, daß ihn der Gruber auch bloß hereinlegen will, aber der Gruber hat ihm versichert, daß er ihm einen ganz besonders schönen Stern zeigt, und er muß mitmachen, weil es ein lustiges Fest werden soll. Da hat der Bepp eingewilligt. Der Gruber hat ihn die Joppe ausziehen lassen und sie ihm so übers Gesicht gelegt, daß ein Ärmel nach oben geschaut hat. Der Gruber hat erklärt, daß der Ärmel das Fernrohr ist, und hat gefragt, ob der Bepp schon den Himmel sieht. Der Bepp hat geantwortet, er sieht ihn. In diesem Augenblick hat der Gruber ein Haferl Wasser durch den Ärmel gegossen, daß der Bepp vor Schreck aufgeschrien und Wasser geschluckt und aufgesprungen ist wie ein Schachterlteufel.

Wir haben laut gelacht.

Nun hat der Gruber ganz geheimnisvoll getan und erzählt, er besitzt eine Arche Noah, wo alle Tiere drin sind, die es gibt, und jeder darf sich ein Tier aussuchen, das er sehen will.

Ich habe gefragt, ob es auch zwei sein dürfen, aber der Gruber hat gleich verneint, es darf nur eines sein.

Alle haben durcheinander gerufen und geschrien, was für ein Vieh sie sehen wollen, der Bertl ein Krokodil, der Bepp ein Dromedar mit drei Höckern, die Mariele ein Chamäleon oder so was und jeder ein anderes. Ich habe gesagt, ich möchte ein Tier sehen, das der Gruber bestimmt nicht hat, nämlich einen Affenpinscher, weil mein Vater immer sagt, daß der Bahnvorstand Hummelberger einer ist.

Der Gruber hat eine kleine Leiter ans Fenster vom Pfarrhof gestellt und uns hingeführt und gesagt: „Jeder darf nacheinander hinaufsteigen und durchs Fenster schauen, dann sieht er das Tier, das er sehen will. Aber keiner darf sagen, was er für ein Tier sieht, sondern bloß lachen, weil es sonst kein Spaß mehr ist."

Der Luk ist als erster hinaufgestiegen und ich nach ihm. Aber hinter dem Fenster ist nur ein Spiegel gestanden, und jeder hat sich selber gesehen.

Wir haben lachen müssen.

Weil der Gruber keine Spiele mehr gewußt hat, haben wir Sackhüpfen dürfen und Wurstschnappen, und es hat kleine Preise gegeben.

Dann ist es allmählich langweilig geworden, weil dem Gruber nichts mehr eingefallen ist.

Da habe ich gedacht, daß auch wir Kinder eine Gaudi machen müssen, aber eine ganz große, damit auch der Gruber lachen darf, weil er so nett zu uns ist.

Dem Luk ist etwas eingefallen.

Wir haben auch den Simmerl und den Peter eingeweiht und beschlossen, daß wir es probieren. Ich muß noch sagen, daß hinter dem Pfarrhof das Bäckeranwesen gelegen ist und ein kleiner Weiher für die Enten und Frösche.

Der Luk hat verkündet, daß wir ein Blinde-Kuh-Spiel machen. Jeder muß sich einmal die Augen verbinden lassen, und wir führen ihn herum, und er soll dann erraten, wo er gewesen ist.

Der Gruber hat ganz begeistert zugestimmt und gesagt, er stiftet einen Korb schöne Birnen als Preise, und er hat gleich ein paar Tücher gebracht. Wir haben eigentlich nur zwei oder drei von den Mädchen tratzen wollen, aber alle haben sich gleich stürmisch gemeldet, und der Gruber hat gesagt, daß er schon bei den ersten dabeisein will.

Er ist einfach nicht abzuhalten gewesen, und so haben wir ihn mitspielen lassen.

Erst haben wir drei Mädchen und dem Gruber die Augen verbunden. Die anderen haben im Garten zurückbleiben müssen. Die vier blinden Kühe haben wir losgeführt. Wir haben sie im Kreis marschieren lassen und um Bäume herum und gedreht und dann hinter den Pfarrhof bis vor den Weiher geschubst. Da haben wir sie angehalten und ihnen gesagt, daß sie jetzt ein paar Schritte allein gehen dürfen. Der

Gruber hat gerade noch sagen können, er weiß genau, wo er sich befindet, da ist er auch schon mit den Mädchen zusammen im Wasser gelegen. Der Gruber ist sogar mit dem Kopf untergetaucht, obwohl die Lache nur einen halben Meter tief gewesen ist, weil er der Länge nach hineingefallen ist. Alle vier haben gleich unheimlich geschrien, und die anderen sind herbeigeeilt und haben auch geschrien und getobt, und es ist wirklich eine große Gaudi geworden, wie ich noch keine erlebt habe.

Die Kleider der Mädchen sind an ihrem Körper angepappt gewesen und gar nicht mehr weiß.

Der Gruber ist aus dem Weiher gestiegen und hat sich vom Anzug einen Froschlaich und einen grünen Schleim gewischt, und er hat gesagt, es ist schade, daß dieser Tag ein so schmutziges Ende nimmt, aber er will uns nichts tun, weil er heute alles verzeiht, wir sollen uns jedoch für alle Zukunft merken, wo ein Spaß anfängt und endet, und wir müssen alle gleich nach Hause gehen.

Den Gruber haben alle im Dorf gern mögen, weil er einen Mütterverein gegründet hat und einen Gesangverein und einen Theaterverein. Von allen Vereinen ist er der Vorstand gewesen.

Wie am Tag des heiligen Georg das Jubiläum von unserer Kirche gefeiert worden ist, hat der Gruber ein großes Patroziniumsfest veranstaltet. Der Mütterverein hat Girlanden binden, der Gesangverein mit dem Kirchenchor zusammen die Lieder einüben und der Theaterverein das Spiel vom heiligen Georg aufführen müssen.

Mein Vater hat bei dem Spiel mitgewirkt.

Er hat einen gemeinen Heiden gespielt, der einen Christen ganz hinterlistig niedersticht. Der Vater hat jeden Abend fleißig gelernt, und die Mutter hat ihn abgefragt. Den Mörderdolch hat der Vater selber geschnitzt. Es ist ein ganz besonderer Dolch geworden mit vielen Verzierungen und reich geschmückt, aber wenn man mit ihm zugestochen hat, ist die Klinge in den Griff gerutscht und durch eine Feder wieder herausgeschnellt. Der Vater hat lange daran gearbeitet und ihn zum Schluß mit Gold- und Silberbronze gestrichen und farbige Diamanten aufgepappt. Der Dolch hat ganz echt ausgesehen.

Ich hätte ihn brauchen können.

Am Samstag ist die Aufführung gewesen, und am Tag zuvor haben wir Kinder bei der Hauptprobe zusehen dürfen. Mein Vater hat am allerbesten gespielt. Er ist mit schweren Schritten über die Bühne gestampft und hat grauenhaft mit den Augen gerollt und ganz wild geschrien und gottslästerlich geflucht und ist dann unter entsetzlichem Gebrüll und mit hocherhobenem Dolch auf den Christen los und hat ihm mit einem einzigen Stich den Garaus gemacht.

Die Hauptprobe hat gut geklappt. Nachher hat der Gruber alle Mitspieler zu einer Halben Bier eingeladen. Wir Kinder haben heimgehen müssen.

Aber ich bin noch schnell hinter die Bühne gelaufen und habe mir alles gut angeschaut und einen Helm ausprobiert.

Da habe ich den Dolch gesehen. Ich habe gedacht, daß ich ihn für den nächsten Vormittag ausleihe, damit ich nach der Kirche auch schnell einen Christen erstechen kann, und der Vater erhält ihn zu Mittag wieder.

Wie der Vater nach der Hauptprobe heimgekommen ist, hat er furchtbar getobt und geschimpft und gesagt, daß er nicht weiß, ob er überhaupt noch mitspielen wird, weil ihm einer den Dolch gestohlen hat, und wenn er den Schuft erwischt, wird er ihn grün und blau schlagen, daß er in keinen Anzug mehr hineinpaßt.

Der Vater hat so ausgesehen, als ob er es ganz ernst meint.

Da habe ich furchtbare Angst gekriegt und nicht gesagt, wer den Dolch hat, sondern ihn heimlich in den Kaltenbach geworfen. Am nächsten Abend hat der Vater trotzdem den wilden Heiden gespielt, aber er hat den Christen nur mit einem einfachen hölzernen Messer umgebracht, und alle Leute haben sehen können, daß er nicht echt zugestoßen hat.

Einmal haben wir mit dem Gruber verreisen dürfen und die Passionsspiele in Österreich besuchen. Das ist ganz unheimlich schön gewesen, weil wir mit dem Zug gefahren sind, und alle haben eine ganze Orange und eine halbe Rolle Zitronendrops und obendrein noch eine Limonade bekommen.

Das Spiel ist in einer großen Scheune aufgeführt worden, und am besten hat mir das Essen gefallen, das uns in der Pause auf einem Papierteller gereicht worden ist, und auch noch, wie sich der Judas an einem Strick aufgehängt hat.

Wie wir uns nach dem Spiel versammelt haben, hat die Merl Anna gefehlt. Der Gruber ist aufgeregt umhergeschossen und hat die Leute gefragt und hinter jedem Busch gesucht, aber er hat sie nicht gefunden. Da ist er wieder zu uns zurückgekehrt und hat gesagt, er muß sie finden, weil er ohne sie nicht abfahren kann, aber der Zug schon, und er geht jetzt ins Dorf zur Polizei, und wir sollen inzwischen bleiben, wo wir sind, und uns nicht vom Fleck rühren und auf ihn warten, und wir dürfen ihn nicht im Stich lassen.

Wir haben es ihm versprochen.

Dann ist er schnell davongesaust.

Wir haben lange warten müssen und immer länger, aber der Gruber ist nicht gekommen.

Da hat mir der Luk vorgeschlagen, daß wir inzwischen auf den kleinen Berg steigen mit dem Kreuz darauf und dem Felsen, da ist es nicht weit hin, und wir sehen von oben auch gut herunter, wenn die anderen aufbrechen wollen.

Also sind wir gleich losmarschiert und sehr schnell gegangen und zuerst durch einen Wald ohne Weg steil hinauf, und wir haben gar nicht mehr umgeschaut und sind nur noch drauf ausgewesen, möglichst rasch den Gipfel zu erreichen.

Nach langer Zeit ist endlich der Gipfel wieder vor uns

aufgetaucht. Es hat ausgesehen, als ob er immer noch genauso weit weg ist wie vom Tal aus. Wir haben nach unten schauen wollen, aber Bäume und Büsche haben uns die Sicht versperrt.

Der Luk hat gesagt, wir müssen schneller gehen, sonst schaffen wir es nicht, aber wir haben erst einmal stehenbleiben müssen, um zu verschnaufen. Ich habe gemeint, daß es vielleicht besser ist, wenn wir umkehren, weil wir die anderen nicht mehr sehen.

Da sind wir umgekehrt.

Wir sind den Weg hinuntergesprungen und manchmal auch gekugelt, und ich habe mir die schöne Sonntagshose hinten bis zum Bund hin aufgerissen.

Unterwegs sind wir dem Gruber begegnet.

Er hat überhaupt keine Luft mehr erwischt, der Schweiß ist ihm in Strömen heruntergelaufen, im Gesicht ist er ganz grau gewesen, und er hat zunächst gar nichts reden können. Er hat nur nach unten gedeutet und uns ein wenig angestupst und sich die Hand vor die Brust gehalten. Da haben wir gewußt, daß es schon pressiert und sind wie die Wilden hinunter und bald wieder bei den andern gestanden.

Die Merl Anna ist auch schon da gewesen. Sie war nur im Passionshaus unter der Bühne gesessen und hat dort allein Brotzeit gemacht, weil sie nicht gern etwas hergibt.

Bald ist auch der Gruber den Berg heruntergetorkelt.

Den Zug haben wir noch erwischt, weil er eine große Verspätung gehabt hat.

Ich habe zum Luk gesagt, daß wir vielleicht ein anderes Mal auf den Berg steigen.

Der Gruber hat auf der Heimfahrt gar nichts gesagt, aber später schon.

Wie der Herr Schuldekan in den Unterricht gekommen ist, hat der Gruber vorher gesagt, wir sollen uns alle fest melden und gute Antworten geben, damit er sich nicht blamiert.

Wir haben es versprochen, aber nicht halten können.

Der Herr Schuldekan ist ein langer, dürrer Mann gewesen mit einem Zwicker und einem grauen Spitzbart, er hat Krallenfinger gehabt und eine Geiernase, daß er fast zum Fürchten ausgeschaut hat.

Zu Beginn hat er eine große Rede gehalten, daß er wissen möchte, ob wir gute katholische Christen sind und die Bibel und das Evangelium kennen und auch den Katechismus.

Dann hat er zu fragen angefangen.

Wir haben kräftig mit den Fingern geschnalzt und uns gemeldet und gerufen: „Ich, Herr Schuldekan, ich!" Der Herr Schuldekan hat jedoch vom Katheder herab die Klasse angesehen und geschaut, wer sich *nicht* meldet. Das sind der dicke Alfred gewesen und der Grießer Ponkraz und der Meier Simmerl. Der Ponkraz hat sich nicht gemeldet, weil er immer Angst gehabt hat, der Simmerl wegen seiner ungeheuren Dummheit und der dicke Alfred, weil er sich nicht melden hat wollen.

Den Simmerl hat der Herr Schuldekan gefragt: „Wie heißen die sieben Sakramente?"

Der Simmerl ist aufgestanden und hat nicht geantwortet. Ich habe ihm einsagen wollen, aber da hat der Herr Schuldekan schon die Frage ungeduldig wiederholt: „Wie heißen die sieben Sakramente?" Jetzt hat der Simmerl laut gesagt: „Sie heißen sieben Sakramente."

Der Herr Schuldekan hat ihn fest angesehen und mit Nachdruck und lautstark gesagt: „Nach den sieben Sakramenten habe ich gefragt, nach den Namen der sieben Sakramente. Eines wirst du doch wenigstens wissen, oder bist du ein Heide?"

Das ist dem Simmerl zu lang gewesen, er hat bloß gestottert: „Eines ... wırst du doch ... oder bist du ein Heide?"

Wie der Herr Schuldekan den dicken Alfred nach den zwölf Aposteln gefragt hat, ist der Alfred einfach sitzen geblieben und hat ganz laut geantwortet: „Adam und Eva!" Dabei hat er den Herrn Schuldekan gar nicht angesehen

Der Herr Schuldekan ist nahezu geplatzt, er hat noch kräftiger gesprochen, und seine Stimme hat gefährlich gebebt. „Wiederhole diesen Unsinn doch noch einmal, aber stehe zumindest dabei auf!"

Der dicke Alfred ist langsam aufgestanden, und ebenso langsam, ja fast feierlich hat er gesagt: „Adam und Eva." Und er hat sich wie ein Sack auf die Bank plumpsen lassen.

Das Kinn vom Herrn Schuldekan hat gezittert, wie er sich an den Gruber gewandt hat: „Schön, schön, Gott hat einen Tierpark erschaffen."

Dann hat er sich den Grießer Ponkraz vorgenommen. Der ist vor Schreck gleich ganz blaß geworden, und der Gruber hat den Herrn Schuldekan davon abbringen wollen und ihm erklärt, daß der Ponkraz ein überängstliches Kind ist. Aber der Schuldekan hat den Gruber unterbrochen und gesagt, daß er schon weiß, was er will und wie man es macht, und er hat dem Ponkraz gewinkt und ihm befohlen, er soll heraustreten und zwar direkt vor ihm hin.

Da hat der Ponkraz zu schluchzen angefangen, der Rotz ist ihm heruntergelaufen, und er ist langsam zum Katheder vor. Weil der Herr Schuldekan auf dem Podest gestanden ist, hat ihm der Ponkraz nur bis zum Knie gereicht.

„Was weißt du vom Heiligen Geist?" hat ihn der Herr Schuldekan gefragt.

Der Ponkraz hat nur noch fester geweint und überhaupt nichts mehr herausgebracht. Da hat ihn der Herr Schuldekan mit dem langen Finger an den Kopf gestoßen, über den Zwicker hinweg furchterregend angesehen und drohend gerufen: „Nun, in welcher Gestalt kam der Heilige Geist über die Apostel? In welcher, frage ich."

Da ist es passiert.

Der Pongraz hat mühsam hervorgestoßen: „In... Gestalt... einer... Schwalbe." Dabei ist ihm ein Rinnsal aus dem linken Hosenfuß gelaufen und hat am Boden eine kleine Pfütze gebildet.

Wir haben furchtbar lachen müssen.

Der Herr Schuldekan hat mit seinen Spinnenarmen herumgefuchtelt und geschrien, daß dies ungeheure und äußerst ungehörige Vorgänge seien und daß wir sofort, aber sofort, ruhig sein müssen. Der Gruber hat den Ponkraz an der Schulter gefaßt und ihn zur Tür geführt.

„Das ist eine Schweinerei ohnegleichen!" hat der Herr Schuldekan gebrüllt. „Und das bei Kindern, die schon die erste heilige Kommunion gehabt haben!"

Da hat der Gruber etwas ganz Besonderes gesagt, wovon wir gemeint haben, daß es ein Witz ist und dazu lachen dürfen. Aber dem Gruber ist es unheimlich ernst gewesen: „Bei allem Respekt, Herr Schuldekan", hat er gesagt und dabei auf die Pfütze am Boden gedeutet, „aber das war nichts anderes als ein rein menschliches und somit auch christliches Bedürfnis." Dann hat er den Ponkraz zur Tür hinaus und auf den Gang geschoben.

Der Gruber ist nach einigen Wochen versetzt worden.

Bienen

Der Müllner Alfred ist schon in der fünften Klasse um ein gutes Stück größer gewesen wie der Gummimanndl, aber viel schwerer und unheimlich dick und viel älter als wir. Wir haben ihn deswegen nur den dicken Alfred geheißen oder mit Dicker angeredet. Das hat ihm nichts ausgemacht, weil er sehr stark gewesen ist, und deshalb hat auch ein jeder sein Freund sein wollen.

In der Schule ist er unglaublich faul gewesen und nur aufgestanden, wenn es der Lehrer eigens verlangt hat. Wenn er aber gar nicht mögen hat, ist er selbst dann noch sitzen geblieben und nicht neben die Bank getreten. Er hat dann auf jede Frage mit einem mürrischen „Was?" geantwortet und die Rüge vom Gummimanndl, daß es nicht „Was?" heißt sondern „Wie bitte?", vollkommen unbewegt entgegengenommen; vielleicht hat er sich sogar herbeigelassen, das „Wie bitte?" zu wiederholen, aber sonst nichts.

Der Müllner Alfred hat immer ein sehr schlechtes Zeugnis erhalten, weil er nicht richtig schreiben hat können. Er hat darum bei einer Prüfung oft bloß ein leeres Blatt abgegeben und neben den Namen selber einen großen Sechser gesetzt.

In Wirklichkeit ist der dicke Alfred aber gar nicht so dumm gewesen, sondern eher gescheit. Seine Eltern haben einen großen Bauernhof besessen mit Pferden, Kühen, Schweinen und vielen Bienenvölkern, und sie haben schon mit einem Bulldog gearbeitet, wie noch kein anderer Bauer einen gehabt hat. Den Bulldog hat der dicke Alfred oft fahren dürfen, und er hat ihn auch gerichtet, wenn etwas daran gefehlt hat.

Der Gummimanndl ist mit dem dicken Alfred meistens gut ausgekommen, er hat ihn selten geschimpft und dann immer nur aus einer großen Entfernung und nie sehr fest.

Den Wuzlmair aber hat der Alfred nicht mögen, und wir auch nicht.

Wir haben den Wuzlmair eine Zeitlang als Kooperator gehabt, wie der Gruber krank gewesen ist, und wir haben ihm keinen Spitznamen gegeben, weil er schon Wuzlmair geheißen hat.

Wie er zum erstenmal ins Klaßzimmer getreten ist, hat er seinen Namen ganz unten an die Tafel geschrieben und dann darüber lauter ähnliche Wörter, wie zum Beispiel Wurzelmair oder Wourzenmaier, und er hat uns erklärt, woher sein Name stammt und wie er entstanden ist, daß er nämlich gar nicht lächerlich ist sondern ganz alt und weit zurückgeht, vielleicht sogar bis zu den Germanen, und daß er Ehrfurcht hat vor seinem Geschlecht, und wir sollen sie auch haben.

Wir haben sie aber nicht gehabt, sondern haben bei jedem Namen, den er angeschrieben hat, lauter gelacht und der dicke Alfred am meisten.

Da ist der Wuzlmair ganz wütend geworden und hat geschrien, daß wir eine dumme Bande sind und uns ungehörig benehmen, und der Dicke da soll aufstehen.

Dabei hat er auf den dicken Alfred gedeutet.

Aber der Alfred ist sitzen geblieben.

Da ist der Wuzlmair noch wütender geworden und ganz rot im Gesicht und ist ein paar Schritte auf den Alfred zugegangen und hat zu ihm gesagt, daß er wahrscheinlich genauso dumm wie fett ist, und er will sich gleich durch eine Prüfung davon überzeugen. Er hat ein kleines Buch aus der tiefen Tasche seiner Soutane geholt und dazu auch noch einen Bleistift. Dann hat er scharf gefragt: „Wie heißen die vier Evangelisten?"

„Was?" hat der dicke Alfred geantwortet und ist sitzen geblieben.

„Bist du vielleicht auch noch taub?" hat der Wuzlmair geschrien. „Ich will wissen, wie die Evangelisten heißen!"

Da hat sich der dicke Alfred noch mehr in den Sitz zurückrutschen lassen und geantwortet: „Die Evangelisten heißen Protestanten."

Der Wuzlmair ist ganz blaß geworden und hat gezischt, er täte ihm am liebsten eine runterhauen für diese blöde Antwort, aber am ersten Tag tut er das nicht, sondern erst später, und wir werden es schon erleben.

Beim Wuzlmair haben wir nicht viel gelernt, aber viele Dummheiten gemacht, und er ist immer wütender geworden und hat immer öfters getobt und geschrien und verkündet, daß er künftig alle vier Wochen jedem ein Zeugnis ausstellen wird mit einer Betragensnote und einer Religionsnote, und die Eltern müssen es unterschreiben, damit sie wissen, was für Flegel wir sind und daß sie Verbrecher aufziehen.

Schon am nächsten Tag hat er jedem den ersten Zettel ausgehändigt. Es ist der Name draufgestanden und eine Note in Religion und Betragen und die Unterschrift vom Wuzlmair.

Der dicke Alfred hat überall einen Sechser gehabt.

Er hat die Noten nur kurz angeschaut, dann hat er das Zeugnis zerrissen und die Fetzen fallen lassen. Sofort ist der Wuzlmair auf ihn losgeschossen und hat versucht, ob er ihn schütteln kann und geschrien: „Was fällt dir ein, du mißratener Bursche! Warum hast du dieses Zeugnis zerrissen?"

Der dicke Alfred hat sich aber nicht schütteln lassen, sondern hat ganz ruhig gesagt: „Weil ich zwei Sechser habe, und einen Siebener gibt es nicht."

Der Wuzlmair hat den Vorfall dem Gummimanndl erzählt, und der hat den Alfred an zwei Nachmittagen eingesperrt. Und uns hat er gehörig die Leviten gelesen, weil wir beim Wuzlmair immer so schrecklich gemein sind und herumtoben und uns wie die Hunnen benehmen, und in Zukunft duldet er das nicht mehr, sonst muß er gehörig dazwischenfahren.

Während der Pause hat uns der Alfred gesagt, wie wir es anders machen müssen, daß der Wuzlmair sich ärgert und uns trotzdem nicht schimpfen kann, und er hat uns auch erklärt, wie es geht.

In der nächsten Religionsstunde sind wir dann ganz leise dagesessen, es hat kein Papier geraschelt und kein Buch geknallt, kein Bleistift hat geklappert und keine Bank geknarzt, niemand hat gehustet oder geflüstert oder mit den Füßen gescharrt. Nur das Summen der Fliegen ist zu hören gewesen — und die Schritte vom Wuzlmair.

Da ist es ihm selber ganz unheimlich geworden, er hat verschreckt von einem zum andern gesehen, und nach einigen Minuten hat er sich selber auch nimmer heftig auftreten oder laut sprechen getraut, und er ist herumgeschlichen wie eine Katze um die Maus. Am Schluß hat er gesagt, daß es ihn schon freut, wenn wir seine Mahnung zu Herzen nehmen und wenn wir so *brav* sind, aber er verlangt nicht, daß wir gleich *so* brav sind.

Der Wuzlmair ist immer mit dem Fahrrad zur Schule gefahren.

Einmal haben wir eher aus gehabt, weil die Großen von der siebenten und achten Klasse im Firmunterricht gewesen sind.

Da ist dem dicken Alfred das Fahrrad vom Wuzlmair eingefallen.

Er hat gesagt, daß er es ihm putzen muß, und wir sollen ihm dabei helfen. Ich habe das Rad hinter die Schulholzlege getragen, und der Glaser Maxl hat von Zuhause schnell Werkzeug, alte Lumpen und eine große Schachtel geholt. Er und der Alfred haben das Rad in alle kleinen Teile zerlegt, und der Luk und ich haben jedes Teil mit den Lumpen geputzt, jede einzelne Speiche und die Nippel und auch die Kugeln von den Kugellagern und die Schrauben und überhaupt alles. Was sauber gewesen ist, haben wir in die Schachtel gelegt, bloß den Rahmen nicht und die Felgen, weil die nicht hineingepaßt haben. Am Schluß hat der Alfred zum Maxl gesagt, er soll noch ein paar Schrauben und Kugeln zusätzlich bringen und vielleicht auch ein paar Speichen und irgendwelche anderen Eisenteile, er weiß von den

Landmaschinen, die er schon zerlegt hat, daß es ganz blöd ist, wenn etwas übrigbleibt, und er will, daß auch dem Wuzlmair etwas übrigbleibt, wenn er das Rad zusammenbaut.

Am nächsten Tag aber ist anstatt dem Wuzlmair der Gruber wiedergekommen, und so haben wir nicht erfahren, ob ihn das geputzte Fahrrad gefreut hat.

Wie mein Vater einmal das große Bienenhaus beim Müllner gesehen hat, ist er gleich ganz begeistert gewesen und hat gesagt, er wird nun auch ein Bienenzüchter, und wir werden bald viel Honig verkaufen und auch selber viel essen können, so viel wir wollen.

Mein Vater hat mit dem Vater vom dicken Alfred ausgemacht, daß er zwei Bienenvölker erhält. Die Bienenkästen dazu hat mein Vater selber gebaut, und ich habe sie dann auf dem Leiterwagen zum Müllner gebracht. Der hat gesagt, daß er in jeden Kasten einen Schwarm hineinschüttelt und wann wir die Kästen wieder abholen können, nämlich am Dienstag in aller Frühe um fünf Uhr, weil da die Bienen noch schlafen, und der Alfred wird sie uns mit dem Gäuwagerl zustellen.

Ich habe gefragt, ob ich mitfahren darf, und mein Vater hat es erlaubt.

Schon um halb fünf sind mein Vater und ich beim Müllner gewesen.

Der Müllner hat gerade die Fluglöcher von den Bienenkästen mit Papierpropfen abgedichtet. Dann haben er und der Vater die Kästen aufgeladen. Der Alfred hat den Rappen geholt und eingespannt. Ich habe mich zu ihm auf den Kutscherbock gesetzt und mit einem „Hü!" ist das Pferd losgetrabt.

Der Vater ist mit dem Fahrrad hinter uns her.

Die Straße hat viele Löcher und Furchen gehabt, deshalb sind die Bienenstöcke fest gerüttelt worden und die Bienen aufgewacht. Plötzlich hat mich eine Biene gestochen und sofort auch eine den Alfred. Ich habe mich umgesehen und entdeckt, daß der Papierpfropfen aus einem Flugloch gefallen ist. Ich habe es dem Alfred sagen wollen und „Anhalten! Anhalten!" gerufen.

Aber es ist schon zu spät gewesen.

Die Bienen sind eine nach der anderen aus dem Flugloch gestartet, und es sind immer mehr geworden, und sie sind ganz toll und aufgeregt nach hinten zum Vater und nach vorn zu uns und auch zum Pferd. Der Alfred hat mit aller Gewalt am Zügel gezogen — aber vergeblich. Der Rappe ist mit dem Wagen in wilder Flucht über die Wiese gerannt und dann in einem weiten Bogen dem Müllnerhof zugaloppiert. Der Vater hat sein Rad weggeworfen und ist hinter uns hergelaufen und hat atemlos „Halt! Halt! Halt!" geschrien. Die Bienen sind uns ins Gesicht und in die Haare geflogen und unter die Lederhose gekrochen, und jede hat zugestochen.

Der Müllner hat den Rappen zum Anhalten gebracht.

Am nächsten Tag habe ich im Gesicht ausgesehen wie der dicke Alfred, und dem Alfred sein Kopf ist noch runder gewesen als sonst, und mein Vater hat dem Müllner gesagt, er soll sich seine verrückten Wespen behalten, er hat vorläufig genug davon.

Nachtlichter

Der Luk und ich haben sehr gern am Bahnhof gespielt, weil sich da immer etwas gerührt hat. Aber wir haben es nur tun können, wenn der Vorstand Hummelberger nicht da gewesen ist oder uns nicht gesehen hat.

Einmal ist auf dem Abstellgleis ein paar Tage lang ein Waggon herumgestanden, und keiner von den Eisenbahnern hat herausgefunden, wohin er gehört. Weil der Waggon plombiert gewesen ist, habe ich zum Luk gesagt, daß vielleicht etwas ganz Besonderes darin ist, vielleicht etwas von einer geheimen Schmuggelbande, und wir müssen nachschauen, was es ist.

Wir haben die Plombe geöffnet und auch den Riegel und die Schiebetür. Es hat uns gewundert, daß man den Waggon überhaupt zugesperrt hat, weil er nur mit lauter großen offenen Kisten voller Steine beladen gewesen ist. Es sind aber auch solche darin gelegen, die uns sehr gefallen haben, weil sie genau wie eine große Schnecke oder wie riesige Muscheln ausgeschaut haben. Manche Steine haben auch bloß glatte Flächen besessen mit schönen Zeichnungen darauf, ähnlich wie gepreßte Blumen oder Fischgräten.

Der Luk hat gesagt, wir müssen herausbringen, was in den steinernen Schnecken und Muscheln innen drin ist.

Wir haben den Leiterwagen geholt und die schönsten und größten Steine herausgesucht und sind damit zu unserem Lager gefahren. Der Leiterwagen ist unter der schweren Last fast zusammengebrochen. Beim Lager haben wir die Brocken mit aller Wucht aufeinander geschmissen, daß die Splitter nur so herumgeflogen sind. Wir haben bei jedem Stein nachgeschaut, aber es ist gar nichts Besonderes drin gewesen.

Später haben wir erfahren, daß der Waggon nach Wien gehört hat und daß ihn ein Professor von einem Museum bekommt, und wir haben gedacht, daß der Professor dumm schauen und sich gar nicht freuen wird, wenn in keinem von den vielen Steinen etwas Besonderes drin ist.

Einmal hat mein Vater von der Eisenbahn eine ganz große Taschenlampe bekommen. Die hat so unheimlich stark geleuchtet, daß man in den Strahl gar nicht hineinschauen hat können, ohne daß man geblendet die Augen zugezwickt hat.

Der Vater hat gesagt, daß man damit bei Nacht beispielsweise den ganzen Zug ableuchten kann, oder gar hinauf bis zu einer Kirchturmspitze. Ich habe gefragt, ob er mir die Lampe schenkt oder auch bloß leiht, aber der Vater hat strikt abgelehnt, weil es eine Dienstlampe ist, die er nicht aus der Hand geben darf. Die Lampe ist dann wochenlang in einem Schrank gelegen, er hat sie nie benützt und sie völlig vergessen.

Ich habe dem Luk davon berichtet und ihm gesagt, daß man mit der Lampe überall hinleuchten kann und sogar hinauf zur Kirchturmspitze. Der Luk hat es nicht geglaubt, weil das jeder sagen kann, und man muß es ausprobieren, aber es muß bei Nacht sein, weil sie am Tag nicht so gut leuchtet.

Wir haben ausgemacht, daß wir uns um elf Uhr nachts beim Kastanienbaum treffen, und ich bringe die Lampe mit.

Es ist Sonntag gewesen.

Am Vormittag haben wir uns nach der Kirche am Bahnhof herumgetrieben. Dort ist eine Draisine gestanden, weil ein neues Rangiergleis gebaut worden ist. Auf der Draisine haben uns die Arbeiter manchmal mitgenommen, aber wir sind noch nie allein damit gefahren.

Die Draisine hat die Arbeiter zur Baustrecke gebracht. Die Arbeiter haben sie selbst antreiben müssen, und zwar mit einem Schaukelhebel, den sie abwechselnd auf der einen und auf der anderen Seite niedergedrückt haben. Beim Losfahren ist es zunächst ganz schwergegangen, aber wenn der Karren

erst einmal gelaufen ist, hat man unheimlich schnell dahin-
rasen können.

Wir haben geglaubt, daß der Hummelberger nicht da ist,
darum habe ich zum Luk gesagt, wir fahren allein mit der
Draisine. Wir haben aber den Schaukelhebel nicht herunter-
drücken können, auch dann nicht, wenn wir zu zweit mit
dem ganzen Gewicht auf einer Seite gehängt sind. Darum
haben wir versucht, ob wir die Draisine nicht anschieben
können. Sie hat sich leicht anschieben lassen, und wie sie in
Fahrt gewesen ist, sind wir aufgesprungen und haben zu
drücken angefangen. Bald ist sie so schnell gesaust, daß sie
von ganz allein gefahren ist. Vor der Baustelle hat der Luk
bremsen müssen, weil ich der Lokführer gewesen bin. Er hat
die Bremsen hineingehauen, daß die Funken nur so heraus-
gespritzt sind, und schon ist die Draisine gestanden. Jetzt
hat der Luk den Lokführer machen dürfen, und er hat gepfiffen und „Klingelingeling!" geschrien und „Alles einsteigen! Zurücktreten, der Zug fährt ab!"

Mitten im Fahren haben wir gesehen, daß die Wimmer-
Kinder hinter einem Baum stehen und uns beobachten. Wie
sie es bemerkt haben, daß wir zu ihnen hinschauen, haben
sie sich schnell geduckt.

Die Wimmer-Kinder haben manchmal ihre Ferien beim
Hummelberger verbracht, darum haben wir sie nicht mögen.

Wir sind die Strecke noch ein paarmal hin und her gefahren. Wie wir wieder einmal in das Nebengleis vom Bahnhof
eingelaufen sind und angehalten haben, ist der Hummelberger hinter dem Aborthäuschen hervorgeschossen und mit
ihm die zwei Wimmer-Kinder.

Ich bin gleich abgesprungen und davon, aber der Luk hat
es nicht mehr geschafft. Der Hummelberger hat ihn an der
Jacke erwischt und fest gepackt und ihm links eine Wat-
schen gegeben und dazu gesagt: „Einmal hinauf!", und
dann hat er ihm rechts eine heruntergehauen und gesagt:
„Einmal herunter!" Das hat er einige Male wiederholt, und

bei jedem Satz hat er dem Luk eine Ohrfeige verpaßt, daß es nur so gepatscht hat, und immer abwechselnd eine links und eine rechts.

Wie ich wieder mit dem Luk zusammengetroffen bin, hat er ganz rote Backen gehabt und eine unheimliche Wut, und wir haben ein Gelübde abgelegt, daß wir die Ohrfeigen rächen werden.

Am Nachmittag haben wir mit der Rache schon angefangen.

Wir haben mit dem Weger Michl auf dem Gäuwagerl nach Straßkirch mitfahren dürfen. Unterwegs haben wir einige Radfahrer gesehen, nämlich den Hummelberger mit den zwei Wimmer-Kindern. Sie haben hinten auf dem Gepäckträger Badezeug gehabt, darum haben wir gewußt, daß sie zum Langberger See wollen, wohin man fast eine Stunde hat radeln müssen.

Wir haben dem Weger Michl von der Rache erzählt, und er hat eingesehen, daß sie sein muß. Der Luk und ich haben uns in eine Decke eingewickelt, damit uns der Hummelberger und die Wimmer Kinder nicht erkennen, wenn wir sie überholen.

Sie haben uns nicht erkannt.

Wir sind an ihnen vorbei, denn sie sind schon recht langsam gefahren und haben in der prallen Mittagssonne tüchtig geschwitzt.

Im Wald neben dem See hat uns der Michl absteigen lassen.

Wir sind sofort hinunter zur Badestelle und haben uns hinter einem Gebüsch versteckt.

Da sind sie auch schon gekommen.

Sie haben die Räder neben einen Baum gelehnt; der Hummelberger hat sich den Schweiß abgewischt und ist in den Schatten gegangen, die Wimmer-Kinder aber ins Wasser. Schon nach kurzer Zeit hat der Hummelberger zu säuseln und zu röcheln angefangen und hat fest geschlafen.

Jetzt haben wir ganz leise ein Rad nach dem andern weggenommen und zur Straße gebracht. Dann sind wir aufgesessen und über den Filzenweg und durch den Forst nach Hause gefahren. Der Luk hat das dritte Rad mit sich geführt.

Beim Bahnhof haben wir die Räder unter den Boden der Güterhalle geschoben, wo sie so leicht keiner findet.

Wie die Mutter spät am Abend die Wohnungstür zugesperrt hat, bin ich gleich wieder an die Tür und habe den Schlüssel zurückgedreht. Ich bin wachgeblieben, bis die Bahnhofsuhr elf geschlagen hat, dann habe ich das Bett verlassen und meine Turnhose angezogen und mich mit dem Luk an der Kastanie getroffen.

Die Taschenlampe habe ich dabei gehabt.

Wir sind die Gasse hinter der Bahnhofswirtschaft zum Dorf hinaufgelaufen. Unterwegs ist uns niemand begegnet, außer einem einzigen Mann, der hat laut und falsch das Lied vom Weißen Roß am Wolfgangsee geplärrt. Das Lied habe ich gekannt, weil mein Vater die Schallplatte besessen hat.

Es ist stockdunkel gewesen.

Wir sind zum Friedhof gegangen, aber nicht hinein, weil der Luk gesagt hat, daß er sich jederzeit bei Nacht in den Friedhof traut, aber da sind wir dann zu nahe am Turm und können nicht zur Uhr oder zur Spitze hinaufleuchten. Ich habe auch gesagt, daß es besser ist, wenn wir heraußen bleiben.

Ich habe die Taschenlampe angeknipst.

Wir haben deutlich die Uhr gesehen und daß es schon fast Mitternacht ist.

Jetzt haben wir überall hingeleuchtet, hinüber zum Bräu und durch das Fenster vom Doktorhaus, wo es innen gleich so hell geworden ist, daß man die Bilder an der Wand betrachten hat können.

Wir sind die Hauptstraße entlang marschiert und haben

den Lichtstrahl durch jedes Fenster geschickt. Wie wir bei der Marx-Villa hineingeblinkt haben, ist eine Frau im weißen Nachthemd auf den Balkon herausgetreten und hat schrill geschrien: „Hilfe! Zu Hilfe! Räuber! Räuber!"

Fast zur gleichen Zeit haben wir hinter uns schnelle Schritte gehört. Ich habe in die Richtung geleuchtet, aus der das Geräusch gekommen ist. Im hellen Lampenschein haben wir einen Mann gesehen, der ist mit einem Mordsprügel auf uns zugerannt.

Ich habe schnell die Lampe ausgeschaltet, und wir sind über den Zaun beim Weißenberger gesprungen und quer über die Gartenbeete gelaufen und wieder über den Zaun und den Berg hinunter bis zum Bretterlager vom Sägewerk Häusler. Dort haben wir ein wenig gewartet und verschnauft und gehorcht, ob uns jemand verfolgt.

Es ist niemand hinter uns her.

Da haben wir uns gefreut, daß die Lampe so gut leuchtet und uns niemand erkannt hat.

Wie die Mutter am nächsten Tag vom Einkaufen heimgekehrt ist, hat sie erzählt, was sich während der Nacht droben im Dorf alles zugetragen hat. Sie hat gesagt, daß Diebe im Ort gewesen sind und vielleicht auch hier am Bahnhof und überall herum und auch schon tagsüber, und sie haben in die Marx-Villa einbrechen wollen und beim Doktor, und auch im Garten vom Weißenberger sind sie schon gewesen und haben die schönen Erdbeeren zertrampelt, aber der Herr Meixner hat sie mit einem Prügel verfolgt und sie leider nicht mehr erwischt, sonst hätte er sie totgeschlagen. Und es sind wahrscheinlich drei Diebe gewesen, weil sie dem Hummelberger und seinen beiden Ferienkindern am Langberger See die Räder gestohlen haben.

Ich habe mich fast nicht mehr halten können und lachen müssen, aber meine Mutter hat erklärt, daß das gar kein Anlaß zur Gaudi ist, sondern ein verabscheuungswürdiger Diebstahl, und wenn es auch bloß den Hummelberger getroffen hat, darf man nicht lachen, weil Schadenfreude keine schöne Sache ist, sondern eine Gemeinheit, und wir müssen heilfroh sein, daß sie bei uns nichts gestohlen haben. Und ich soll mir das merken.

Wie der Vater mittags vom Dienst gekommen ist, hat er gleich berichtet, daß er vom Hummelberger seinem Pech schon gehört hat. Der Hummelberger hat ihm bereits erzählt, wie ihm die Räder am See gestohlen worden sind, nämlich ganz feige und hinterlistig, und er hat drei Stunden mit den Kindern vom See her zu Fuß heimlaufen müssen. Und der Vater hat gesagt, er gönnt es dem Hummelberger, daß ihm einmal so etwas passierte.

Der Vater hat dazu gelacht.

Die Mutter hat ihn gleich vorwurfsvoll angesehen und gesagt, er darf nicht so daherreden, wo sie dem Buben doch gerade beizubringen versucht hat, wie häßlich eine Schadenfreude ist.

Der Vater hat erwidert, daß einer nichts dafür kann, wenn ihn die Schadenfreude überfällt, und die Mutter soll ihn ausreden lassen, wenn er schon einmal am Erzählen ist, weil nämlich noch am Vormittag der Ladegehilfe Meier ins Bahnbüro hereingelaufen ist und gesagt hat, daß er unter der Güterhalle drei Räder gefunden hat, und er meint, daß es die Räder vom Bahnhofsvorstand sind. Sie haben dann sofort die Räder geholt, und es sind tatsächlich die richtigen gewesen. Und der Vater hat hinzugefügt, daß er keinen Reim auf die Sache weiß und der Hummelberger auch nicht, weil sie so sonderbar ist, es scheint so, daß die Diebe die Räder erst in den nächsten Tagen oder Nächten abholen wollen, weil sie vielleicht gestört worden sind, und der Hummelberger will sich auf die Lauer legen.

Ich hätte es schon erklären können, aber ich habe nichts gesagt, sondern mir vorgestellt, wie der Hummelberger die Nacht über mit seinem dicken Bauch hinter dem Aborthäuschen auf der Lauer liegt und zur Güterhalle hinüberstarrt und dabei vor Kälte zittert oder auch vor Angst.

Es spukt

In den Weihnachtsferien habe ich mit meiner Schwester vier Tage beim Onkel Fritz verbringen dürfen.

Der Onkel Fritz und die Tante Luzi sind nicht echt Onkel und Tante gewesen, aber wir haben zu ihnen so sagen müssen. Sie haben einen Buben gehabt, wie ich, nämlich den Sigi, und ein Mädchen, die Kathi.

Der Onkel Fritz hat furchtbar gern Geschichten erzählt oder Witze gerissen oder mit uns gespielt.

Wie wir am ersten Abend ein Album angeschaut haben, hat er gesagt, wir sollen aufpassen, er zeigt uns jetzt etwas Außergewöhnliches.

Es ist wahrhaftig etwas ganz Besonderes gewesen.

Er hat aus dem Vertiko ein sehr altes Fotoalbum geholt und darin herumgeblättert und es dann plötzlich aufgeschlagen vor uns hingelegt und mit der Hand ein Bild zugedeckt. „Paßt auf", hat er dazu erklärt, „und schaut genau hin, aber erschreckt nicht zu sehr!" Dann hat er die Hand weggenommen, und schon hat meine Schwester „Uih!" gerufen. Ich habe das Bild erst einen Augenblick ungläubig angesehen und dann auch ein „Uih!" ausgestoßen.

Auf dem Bild hat man eine Braut gesehen und sonst niemand, aber die Braut hat einen grausigen Totenkopf unter dem Arm getragen.

Der Onkel Fritz hat gesagt, daß es kein echter Totenkopf ist, sondern ein Spiel des Zufalls, in Wirklichkeit ist es der Brautschleier, der durch seine Falten auf dem bräunlichen Bild wie ein Totenkopf aussieht.

Dann hat er uns die Geschichte zu dem Bild erzählt. Sie ist so gruselig gewesen, daß meine Schwester immer wieder „Uih!" gerufen hat. Die Braut hat nämlich einen Mann heiraten müssen, den sie nicht mögen hat, weil sie in einen anderen verliebt gewesen ist. Nach der Trauung hat sie sich zusammen mit ihrem Bräutigam und dann auch allein fotografieren lassen, und wie der Fotograf am Nachmittag die

Bilder gebracht und hergezeigt hat, sind die Hochzeitsgäste entsetzt zurückgewichen und auch der Fotograf ist erschrokken, weil er noch nie gesehen hat, daß auf einem seiner Bilder die Braut einen Totenkopf trägt. Er hat die Fotografien gleich wieder eingesammelt und zerrissen und weggeworfen. Der Onkel Fritz aber hat eine erwischt und sofort in die Tasche gesteckt, und er besitzt sie heute noch.

Die Geschichte ist noch weitergegangen und noch grausiger geworden, weil die Frau ihren Mann bald nach der Hochzeit in der Nacht umbringen und in den See werfen hat lassen. Erst drei Jahre später ist alles aufgekommen. Den Mörder hat man geköpft und die Frau lebenslang ins Zuchthaus gesperrt.

Der Onkel Fritz hat alles so spannend und geradezu unheimlich berichtet, daß wir uns beinahe gefürchtet haben. Später, wie ich dann wieder zu Hause gewesen bin, habe ich sofort in unseren Fotoalben alle Hochzeitsbilder angesehen und bemerkt, daß keine Braut einen Totenkopf unterm Arm trägt, und meine Mutter hat bestätigt, daß auch keine von ihnen ihren Mann umgebracht hat.

Der Onkel Fritz jedoch hat an diesem Abend gesagt, daß es eben Dinge gibt, die man nicht erklären kann und sicher nichts anderes als Zufall sind. Meine Schwester hat eingeworfen, daß es auch Geister gibt, die man gar nicht sehen kann, und sie hat nachts schon einmal einen gehört. Da hat der Onkel Fritz gelacht und gesagt, das mit den Gespenstern darf man nicht glauben, weil Geister und Gespenster nur in unserer Einbildung leben, aber wenn wir wollen, kann er uns trotzdem ein Gespenst vorführen.

Wir sind gleich dafür gewesen, bloß die Tante Luzi hat eingewendet, er soll doch die Kinder nicht erschrecken und keinen Unsinn machen, aber wir haben ihn gebettelt, und der Onkel Fritz ist lachend aufgestanden, hat eine Kerze angezündet und das elektrische Licht ausgemacht. Dann ist er zur Tür hinaus und hat sie hinter sich geschlossen.

Im Zimmer ist es dunkel gewesen, die Kerze hat geflakkert und bewegliche Schatten an die Wand geworfen.

Plötzlich ist die Tür langsam und mit einem leisen Knarren aufgegangen, und wir haben über ihr ein unheimliches schwarzes Gespenst auftauchen sehen, das hat bis zur Decke gereicht, und es ist hereingekommen und die Wand entlang geschlichen. Auf einmal ist es in sich zusammengefallen und zwergenhaft klein geworden und im nächsten Augenblick wieder ins Ungeheure gewachsen und schließlich durch die Tür verschwunden.

Dann hat das Licht wieder aufgeleuchtet, und der Onkel Fritz ist im Zimmer gestanden und hat gelacht. Er hat uns gezeigt, wie er das Gespenst gemacht hat, nämlich mit einem Hut und einem großen dunklen Mantel, und er hat erklärt, daß das Gespenst, das wir gesehen haben, nichts anderes gewesen ist als eben Mantel und Hut, die er hochgehoben hat, und wir haben im Kerzenlicht nur deren Umrisse und Schatten gesehen und uns deshalb täuschen lassen.

Jetzt hat uns die Tante ins Bett geschickt, weil es so spät gewesen ist.

Ich habe mit dem Sigi gemeinsam in einem Zimmer geschlafen und meine Schwester zusammen mit der Kathi in einem anderen. Wie ich schon fest am Einschlafen gewesen bin, habe ich auf dem Gang Stimmen gehört. Sie haben gewispert und geflüstert. Ich habe meine Schwester erkannt, die angstvoll zur Kathi gesagt hat, daß sie nicht mehr ins Zimmer geht, weil sie sich fürchtet.

Da sind auch der Sigi und ich aufgestanden, und auch die Tante Luzi und der Onkel Fritz sind gekommen und haben gefragt, was los ist. Die beiden Mädchen haben gesagt, daß in ihrem Zimmer ein Gespenst ist oder ein Geist, das wissen sie nicht genau, und sie trauen sich nicht mehr hinein.

Der Onkel Fritz hat ihnen versichert, daß sie sich das alles nur einbilden, und die Tante Luzi hat ihm vorgeworfen: „Das hast du nun davon, weil du den Kindern unbedingt so grausige Sachen erzählen mußt; kein Wunder, wenn sie schreckhaft werden."

Die Kathi hat versichert, daß sie sich bestimmt nicht bloß was einbilden, weil man das Gespenst deutlich hört, wenn es im Zimmer ruhig ist.

Wir sind alle ins Zimmer von den Mädchen gegangen und haben uns auf die Betten gesetzt. Meine Schwester hat gesagt, man muß das Licht ausmachen und ganz ruhig sein, sonst kommt das Gespenst nicht.

Der Onkel hat den Schalter gedreht. Wir haben uns alle ganz mucksmäuschenstill verhalten und auf einmal haben wir es ganz deutlich gehört: es hat geknistert und geknarzt und geächzt und gestöhnt. Ich habe gleich eine Gänsehaut gekriegt und ein wenig Angst dazu und mir den Mund gehalten, damit ich nicht schreie. Die Mädchen haben den Onkel gepackt und sich an ihm festgehalten, und auch die Tante ist ängstlich geworden und hat gesagt: „Das ist bestimmt nichts, aber doch recht sonderbar."

Der Onkel Fritz hat das Licht wieder angeknipst und gesagt, es gibt bestimmt eine einfache Erklärung für die Geräusche, er weiß bloß noch nicht, was für eine, aber er kriegt sie schon heraus.

Er hat das Licht wieder ausgemacht, und alles ist wieder still dagesessen und hat gewartet und gelauscht, und die Mädchen haben sich am Onkel festgeklammert.

Schon ist es von neuem losgegangen.

Da ist der Onkel aufgesprungen und hat das Licht wieder eingeschaltet und laut gelacht und gesagt, er kennt jetzt den komischen Geist, es ist nichts anderes als der Korbstuhl.

„Der Korbstuhl", hat er erklärt, „der wird sonst nie benützt und steht immer auf dem Gang, aber heute bin ich draufgesessen, weil wir nicht so viele Stühle in der Küche haben. Und ich habe ihn nachher in das Mädchenzimmer gestellt für den Gast, weil da herinnen kein zweiter Stuhl ist."

Jetzt hat sich der Onkel fest in den Korbstuhl fallen lassen, und wir haben deutlich gehört, wie sich das spanische

Rohr gedehnt und gestreckt und dabei ganz absonderliche Laute von sich gegeben hat, und sie haben auch noch angedauert, wie der Onkel schon nicht mehr auf dem Stuhl gesessen ist.

Nun hat sich niemand mehr gefürchtet, und wir sind alle beruhigt ins Bett gegangen, die Mädchen jedoch erst, nachdem der Onkel Fritz den Korbstuhl wieder auf den Gang gestellt hat.

Bevor ich eingeschlafen bin, habe ich zum Sigi gesagt, wenn die Mädchen schon allein wegen dem Korbstuhl so erschrecken, dann müssen wir ihnen auch einmal einen echten Geist ins Zimmer lassen, der nicht bloß knarrt und knistert. Wir haben lange nachgedacht, aber erst am nächsten Tag haben wir gewußt, was wir tun werden.

Zwischen dem Schlafzimmer der Mädchen und dem unseren ist nur der Gang gelegen. Im Zimmer der Mädchen ist ein großer Teppich gewesen und in der hinteren Ecke ein bemalter Marmeladenkübel aus Blech.

Am Abend sind der Sigi und ich vor dem Zubettgehen verschwunden und haben eine dünne Drachenschnur am Bügel vom Eimer befestigt und sie unter dem Teppich hindurch und weiter bis in unser Zimmer geführt.

Nach dem Gutenachtsagen haben wir lang gewartet, bis wir geglaubt haben, daß die Mädchen schlafen.

Dann habe ich an der Schnur gezogen.

Ich habe erst ein bißchen gezogen, dann ein wenig mehr und dann fester geruckt und auf einmal ganz stark.

Da ist es auch schon losgegangen.

Die Tür gegenüber ist aufgerissen worden, und die beiden Mädchen sind schrill durcheinanderschreiend herausgestürzt. „Tante Luzi! Onkel Fritz!" hat meine Schwester gebrüllt, und „Papa! Mama! Ein Geist!" die Kathi.

Wir sind auch hinaus und haben uns vor Lachen gebogen, wie wir gesehen haben, daß die zwei Mädchen in ihren Nachthemden schlottern und zittern und völlig von Sinnen sind und ihnen das Wasser nur so aus den großen Augen rinnt.

Der Onkel Fritz hat gleich gemerkt, was für ein Gespenst es gewesen ist, das den Mädchen das Fürchten gelehrt hat, und er hat uns ein wenig geschimpft und gesagt, daß es sich nicht gehört, daß wir andere so erschrecken, und es kann dabei weiß Gott was passieren, und wir brauchen uns nichts einbilden, weil wir selber genauso erschrocken wären und geschrien hätten wie die Mädchen.

Die Tante hat uns auch geschimpft und dazu auch noch den Onkel Fritz. Wir haben versprechen müssen, daß wir so was nicht mehr tun, aber wir haben gesagt, daß wir nicht so verrückt sind wie die zwei Mädchen und gleich in ein solches Geplärr ausbrechen, wenn bloß ein blechener Eimer wackelt.

Das hätten wir nicht tun sollen.

Am nächsten Tag haben nämlich wir geschrien.

Der Onkel Fritz muß die böse Überraschung mit den Mädchen gemeinsam ausgeheckt haben.

Der Sigi und ich sind bald nach dem Einschlafen wieder wach geworden, weil wir ein Geräusch gehört haben. Da haben wir auch schon etwas ganz Furchtbares gesehen: vor dem Fenster ist eine gräusliche Fratze auf und ab getanzt, die ist kugelrund und blutigrot gewesen und hat einen unheimlichen Nebel um sich gehabt, und sie hat jämmerlich gejault und geheult.

Wir sind in einem Saus raus aus dem Bett und raus aus dem Zimmer — aber da sind schon die zwei Mädchen gestanden und haben schallend gelacht, und bald ist auch mit dröhnendem Gelächter der Onkel Fritz gekommen und hat einen Lampion mit aufgemaltem Gesicht und einer brennenden Kerze darin in der Hand gehabt. An dem Lampion ist eine Babywindel befestigt gewesen.

Jetzt ist zu guter Letzt auch noch die Tante Luzi aus der Küche gelaufen und hat alles gesehen und gesagt, daß der Onkel Fritz noch kindischer ist als die Kinder, und daß er immer solche verrückte Sachen anstellt und ihm nie was Gescheites einfällt.

Weil die Mädchen so unverschämt gelacht haben, habe ich mir gedacht, daß uns schon noch was wirklich Gescheites einfallen wird, damit wir Rache nehmen können an den blöden Gänsen.

Schützenkönig

Wenn es Sommer geworden ist, sind wir oft weit herumgestrolcht, hinüber zum Langberger See, hinauf zum Staudacher Forst oder über die Filze zum Bartlinger Moor. Am liebsten ist uns der Weg über die Auen gewesen und zur Hochstätter Brücke.

Meist sind wir erst durch das Sägewerk vom Häusler und haben nach langen Latten gesucht, damit wir nicht auf dem Weg bleiben müssen, sondern mit der Stange über die Gräben springen können. Unterwegs haben wir mit einem Spitzgras gezirpt oder mit einem Löwenzahnröhrchen wie ein Schwein gegrunzt. Aus einem saftigen Erlenholz haben wir uns eine Pfeife geschnitzt, vielleicht sogar eine verstellbare, mit der man alle Töne von ganz tief unten bis hoch oben hat blasen können. Am Altwasser haben wir schöne Schilfhalme gefunden und daraus Summflöten gebaut.

Man braucht dazu einen unbeschädigten dürren Schilfhalm, aber nur das Stück zwischen zwei Knoten. Mit einem scharfen Taschenmesser muß man vorsichtig einen langen, schmalen Streifen aus dem Rohr herausschälen, aber man darf dabei das dünne Häutchen nicht zerschneiden, das darunterliegt. Mit der Summflöte kann man genauso schön Musik machen wie auf einem Kamm, aber noch viel besser.

Wenn am Ufer ein passendes Holz gelegen ist, haben wir es an einer feinen Schnur befestigt und um den Kopf gewirbelt. Dann hat es schaurig zu singen und zu heulen angefangen.

Unter der Brücke ist ein großer Hollunderbusch gewachsen. Wir haben davon einen dicken Ast abgebrochen und daraus eine Hollerbüchse gefertigt.

Eine Hollerbüchse geht so:

Man muß ein Stück von einem Hollunderast hinten und vorn sauber abschneiden, daß es ungefähr drei oder vier Handbreit lang ist. Mit einem Steckerl holt man das weiche

Mark heraus. Man muß dazu erst ein ganz dünnes nehmen, dann ein dickeres, bis das Hollunderrohr innen ganz glatt ist. Dann braucht man ein zweites, längeres Aststück und schält es fein ab und paßt es in das Rohr hinein. Es darf nicht wackeln und keine Luft haben, denn es ist der Pumpenstock. Darum muß man es auch an einem Ende mit einem Faden umwickeln und diesen naß machen. Wenn man jetzt vorn in das Rohr einen Stopsel hineinsteckt, kann man ihn mit dem Pumpenstock herausschießen, daß es nur so knallt und der Stopsel weit fliegt. Wer will, kann aber auch den Stopsel ganz stark hineindrehen, daß er fest steckenbleibt. Vor dem Stopsel muß man dann ein Loch ins Rohr bohren, dann ist es eine Wasserschleuder, die unheimlich weit spritzt.

Wenn wir nicht mehr gewußt haben, was wir tun sollen, haben wir geschaut, ob wir über die Brücke kommen, ohne daß wir dabei erwischt werden. Da hat man gut achtgeben müssen, denn die Brücke ist mit einer Mautschranke versperrt gewesen, und ein dicker Mann hat aufgepaßt und von jedem Geld verlangt, der hinüber gewollt hat.

Ein Fußgänger hat ein Fünferl bezahlen müssen.

Wir haben nie ein Fünferl bezahlt, auch dann nicht, wenn wir eins gehabt haben.

Das Hinüberwechseln ist uns immer leichtgefallen. Wir sind vorsichtig hinter dem Brückenhäuschen den Damm hinaufgeklettert und haben den Wächter beobachtet. Wenn er dann einen Augenblick nicht hergesehen hat oder gerade im Häuschen drin gesessen ist, sind wir gleich fest gelaufen und unter der Schranke durch. Wenn uns der dicke Mann erspäht hat, sind wir schon halb über der Brücke gewesen, und er hat nur noch hinter uns herrufen können: „Ich erwische euch schon noch, wenn ihr zurückkommt, ihr Saubande, ihr mistige!"

Dann haben wir drüben gewartet und er herüben. Aber wir haben so lange gewartet, bis er uns vergessen oder etwas zu tun gehabt hat. Dann sind wir aus dem Versteck heraus und hinter einem Fuhrwerk her oder haben uns auch gleich hintendrauf setzen dürfen. Drüben sind wir dann wie der Blitz an dem Brückenwächter vorbei und haben ihm die Zunge gezeigt und gerufen: „Da sind wir! Da sind wir!" Der dicke Mann ist rot geworden wie ein Bibergockel und hat gestampft und ist gesprungen und hat gebrüllt, daß er es der Saubande schon noch zeigen wird, und einmal kriegt er uns schon.

Er hat uns aber nie erwischt, und an manchen Nachmittagen sind wir fünfmal hin und zurück und haben dabei bis zu fünfundzwanzig Pfennig gespart. Davon haben wir zwar außer einer Gaudi nichts gehabt, aber der Brückenwächter noch weniger und einen Ärger dazu.

Auf dem Heimweg haben wir oft unsere Steinschleudern herausgezogen und Zielen und Treffen geübt. Wir haben auf die Buchstaben von einem Wegweiser geschossen oder auf eine Flasche, die wir gefunden haben. Oder wir haben geschaut, ob wir den bösen Ganserer vom Lenzei damit verjagen können, wenn gerade niemand in der Nähe gewesen ist. Oft haben wir auch auf den Geißbock vom Schachtinger gezielt, weil uns der Schachtinger immer geschimpft hat, wenn wir auf seinen Nußbaum gestiegen sind und uns einen Sack voll Nüsse geholt haben.

Wir haben uns oft eine Steinschleuder gebaut, obwohl das verboten gewesen ist. Der Gummimanndl hat jeden durchgeprügelt, den er mit einer Schleuder geschnappt hat.

Einmal hat der Hauser Karl im Schulhof mit der Steinschleuder geschossen und dabei ein Fenster getroffen.

Diesmal ist dem Gummimanndl etwas ganz Neues eingefallen.

Wir haben nach der Pause darauf gewartet, daß er den Hauser Karl heraustreten läßt und über die Bank legt. Aber der Gummimanndl hat ganz ruhig und sehr ernst mit uns gesprochen, und er hat nicht einmal geschnupft. Er hat ge-

sagt, daß er jetzt auf unsere Vernunft pocht und daß wir es verstehen und uns in Zukunft daran halten sollen, weil eine Steinschleuder eine gefährliche Waffe ist und man damit ein furchtbares Unglück anstellen kann. Und niemand wird wollen, daß ein anderer durch eine solche Dummheit ein Auge verliert und blind wird.

Der Gummimanndl hat weitergesprochen und uns aufgefordert, künftig keine Steinschleuder mehr zu verwenden, sondern wir sollen sie morgen alle abliefern, damit er sie feierlich und für alle Zeiten verbrennen kann. Heute wird er den Karl nicht bestrafen, hat er gesagt, aber das nächste Mal wird er ganz hart durchgreifen, wenn er wieder einen erwischt.

Am Nachmittag haben der Luk und ich jeder sechs Steinschleudern gebaut. So haben wir gleich fünf Stück abliefern und immer noch eine behalten können.

Der Gummimanndl hat sich über unseren Vorsatz und die vielen Steinschleudern sehr gefreut.

Es wäre besser gewesen, wenn wir ihm alle gegeben hätten.

Am nächsten Tag sind wir zur alten Mühle gegangen. Die alte Mühle hat aus zwei großen Gebäuden bestanden, aber es ist dort kein Mehl mehr gemahlen und kein Holz mehr geschnitten worden. Dafür hat eine Münchner Firma große Papprollen darin aufbewahrt, und in ein paar Zimmern hat noch der Hausmeister gewohnt.

Wie wir hingekommen sind, ist niemand dagewesen.

Wir haben unsere Steinschleudern dabeigehabt. Auf einer Stange ist ein kaputtes Vogelhäuschen gehängt. Wir haben versucht, ob wir es treffen. Aber wir haben es nicht getroffen. Jetzt haben wir die Firstglocke auf dem Dach ins Visier genommen. Doch nicht die Glocke hat angeschlagen, sondern eine Fensterscheibe hat geklirrt. Wie wir geschaut haben, ist eines der runden kleinen Fenster unter dem Dach zerbrochen gewesen.

Ich habe zum Luk gesagt, er muß unheimlich stark geschossen haben, weil er so hoch hinauftrifft. Er hat geantwortet, daß er immer so hoch hinauftrifft, wenn er es will, und er hat es gleich noch einmal probiert und tatsächlich wieder die Scheibe getroffen, so daß sie ganz entzwei gewesen ist. Das hat mich neidisch gemacht, darum habe ich es ihm gleichtun wollen und meine Schleuder auf die Scheibe daneben gerichtet. Ich habe dreimal schießen müssen, da hat es auch gescheppert. Dann haben wir gar nicht mehr daran gedacht, daß wir nicht auf ein altes Vogelhäuschen oder auf den Ganserer vom Lenzei oder auf dem Schachtinger seinen Ziegenbock zielen, sondern haben eine Fensterscheibe nach der anderen zerspringen lassen. Auf dem Hof vor der Mühle ist viel feiner Kies gelegen, wir sind also um Munition nicht in Verlegenheit geraten und haben unentwegt den Gummi gespannt und ihn sausen lassen und immer schneller geschossen und immer besser getroffen und sind direkt ins Schwitzen gekommen.

Auf einmal haben wir keine ganze Scheibe mehr gefunden.

Da haben wir gemerkt, was wir angestellt haben, und ich habe zum Luk gesagt, daß es gut ist, wenn wir gleich verduften.

Aber es ist zu spät gewesen.

Der Hausmeister ist mit dem Fahrrad um die Ecke gebogen und hat uns gesehen. Wir sind gelaufen, so schnell wir gekonnt haben, und sind über Zäune geklettert und über Gräben gesprungen und sogar die Märzl-Kiesgrube hinaufgestürmt.

Aber es hat alles nichts mehr genützt.

Der Hausmeister ist noch am selben Abend bei meinen Eltern aufgekreuzt und hat ihnen alles berichtet, was wir getan haben.

Ich habe lernen müssen, daß es leicht ist, einen Schaden anzurichten, aber oft recht schwer, ihn wieder gutzumachen, und daß sich alle freuen, wenn man erwischt wird.

Eine Woche lang ist es zu Hause gar nicht schön gewesen und in der Schule auch nicht, weil der Gummimanndl nicht nur etwas versprochen, sondern auch gehalten hat, und ich habe die Sparbüchse ganz ausleeren müssen, worin ich das Geld für ein Fahrrad gesammelt habe.

Die Kinder und die Leute haben mich lange den Schützenkönig geheißen, aber den Luk auch.

Bauernbrot

Der Kasper Georg ist unser bester Freund gewesen.

Er hat uns sogar einmal herausgeholt, wie wir beim Gummimanndl nachsitzen haben müssen.

Der Luk und ich haben oft nachsitzen müssen, immer von zwei bis vier am Nachmittag, und fast immer wegen nichts, weil es niemand beweisen hat können, daß wir es waren.

Zum Beispiel sind wir einmal eingesperrt worden, weil der Holzhaufen in der Schulholzlege umgefallen ist. Den haben die Großen von der achten Klasse immer aufrichten müssen, wenn von den Bauern das Schulholz gebracht worden ist. Weil die Großen unsere Schneeburg eingeschmissen haben, sind der Luk und ich während dem Unterricht auf den Abort gegangen, aber nicht echt, sondern wir sind schnell hinaus und haben in der Holzlege den Balken weggenommen, der den Holzhaufen gehalten hat. Wir haben gedacht, sie sollen ihn noch einmal aufrichten müssen. Aber der Gummimanndl hat gesagt, daß wir es gewesen sind und sonst niemand, obwohl er uns gar nicht erwischt oder gesehen hat, und schon haben wir am Nachmittag hereinkommen und das ganze Holz aufrichten müssen.

Ein anderes Mal hat der Gummimanndl zu uns gesagt, wir sollen ihm alte Augengläser mitbringen, er braucht solche, weil er den Großen die Optik zeigt. Wir haben überall um alte Brillen gebettelt und sie ihm geschenkt. Vor dem Unterricht hat er sie mit einer Zange auseinandergezwickt und die Gläser herausgenommen. Dabei hat er seine eigene Brille abgesetzt und unbewußt zu den alten gelegt und nicht bemerkt, daß er sie ebenfalls zerteilt.

Aber der Luk hat es schon bemerkt und es mir gesagt, und wir haben zugeschaut, wie er die seine nimmt und auseinanderzwickt, und haben dann gleich furchtbar gelacht, und der Gummimanndl hat unheimlich geflucht und gesagt, wir müssen dableiben, weil wir das Unglück nicht verhindert und ihn noch dazu verspottet haben.

Das Nachsitzen ist eine ekelhaft langweilige Sache gewesen, weil wir nicht reden und auch nicht Karten spielen haben dürfen, sondern bloß blöde Gedichte aus dem Lesebuch abschreiben. Der Gummimanndl ist vorn auf dem Katheder gesessen und hat einen Packen Hefte korrigiert oder gelesen oder an die Tafel gezeichnet oder geschnupft.

Wir haben uns höchstens zugrinsen oder Grimassenschneiden können. Einmal ist eine Ameise über die Bank gekrochen, die haben wir mit dem Lineal dressiert, daß sie vom Luk zu mir rüberläuft und wieder hinüber. Aber dann hat der Luk nicht aufgepaßt und sie mit dem Lineal zerquetscht.

Draußen hat die Sonne geschienen, und es ist schönstes Badewetter gewesen, und wir haben uns geärgert.

Darum hat der Luk den Gummimanndl **gefragt, ob er** heimgehen darf, weil ihm schlecht ist; aber der Gummimanndl hat nur hämisch gelächelt und gar nicht geantwortet.

Da hat uns der Kasper Georg herausgeholt.

Plötzlich habe ich ihn gesehen. Er ist wie ein Indianer auf dem Schulhof herumgesprungen und hat gewinkt und ist schnell wieder hinter einem Busch verschwunden. Ich habe dem Luk ein Zeichen gegeben, daß er schaut. Da ist der Georg auch schon wieder aufgetaucht und hat einen Affen gespielt und ist auf einen Baum geklettert und hat sich am Bauch gekratzt. Wir haben laut lachen müssen.

Der Gummimanndl hat bemerkt, daß wir zum Fenster hinausschauen und hat geschimpft und gesagt, daß wir eine Stunde länger dableiben müssen, weil wir uns nicht ruhig verhalten. Dann hat er wieder weitergeschrieben.

Jetzt ist plötzlich ein heller Fleck an der Wand erschienen und dort auf und ab gelaufen. Den Fleck hat ein Spiegel hervorgerufen, den der Georg in der Hand·gehabt und mit dem er die Sonne eingefangen hat. Der Georg ist immer noch auf dem Baum gesessen. Ich habe ihm schnell zugewinkt und nach vorn gedeutet.

Er hat es verstanden.

Der Fleck ist nach vorn gewandert und auf das Pult gesprungen und über das Heft gehuscht, das der Gummimanndl gerade korrigiert hat.

Dann hat er sich dem Gummimanndl mitten ins Gesicht gesetzt.

Der Gummimanndl ist direkt erschrocken und hat erst die Augen zugezwickt und uns dann verwundert angeschaut. Aber er hat bei uns keinen Spiegel gesehen. Da hat er weitergeschrieben.

Nun ist der helle Fleck erneut aufgetaucht und hat sich wie ein Schmetterling benommen; er ist hin und her geflattert und wieder nach vorn und über das Heft und dann dem Gummimanndl auf die Nase geflogen. Jetzt hat es der Gummimanndl draußen auf dem Baum blitzen sehen. Er ist von seinem Stuhl hochgeschnellt und ans Fenster gerast, aber dann hat er pfeilschnell kehrtgemacht und ist zur Tür raus.

Wenn der Gummimanndl sonst beim Nachsitzen einmal aus dem Schulzimmer gegangen ist, hat er jedesmal hinter sich zugesperrt. Diesmal aber hat er es vergessen.

Der Luk und ich sind also auch aufgestanden und hinter dem Gummimanndl her. Wir haben gesehen, wie er den Georg verfolgt und daß er ihn nicht erwischt. Da sind wir rasch um das Schulhaus gelaufen und den Kirchweg hinunter zum Holzplatz vom Häusler.

Dort haben wir den Georg getroffen.

Am nächsten Tag hat uns der Gummimanndl alles heimgezahlt, und wir haben wieder nachsitzen müssen, und gleich alle drei und für volle drei Stunden.

Der Kasper Georg hat vieles gekonnt, was wir nicht gekonnt haben.

Er hat zum Beispiel mit den Augen ganz nach innen schielen können.

Wenn er den Rotz heruntergelassen hat, ist er ihm weit

übers Kinn gehängt, und er hat ihn trotzdem wieder hinaufschnupfen können.

Er hat sogar einen Handstand machen und auf den Händen gehen können.

Gegen den Gummimanndl ist er immer ganz frech gewesen.

Einmal hat er den Grießer Ponkraz so weit gebracht, daß er sich mit ihm gegen das Schulhaus gestellt hat, wie sie müssen haben. Da hat sie der Gummimanndl vom Fenster aus gesehen und gerufen: „Was macht ihr da, ihr Säue! Wißt ihr nicht, wo man hingeht, wenn man muß!" Der Ponkraz hat gleich laut geweint und geschluchzt: „Man muß auf den Abort gehen, Herr Lehrer." Aber der Georg hat nur unverschämt gegrinst und gesagt: „Man kann sich auch gegen einen Baum stellen, wenn man muß."

Der Georg ist aus einem kleinen Bauernhof gewesen.

Einmal haben wir bei ihm Verstecken gespielt. Der Georg ist in den Taubenkobel geklettert, der auf einer dicken Stange gewesen ist. Wir haben ihn lang nicht gefunden, aber da ist die Stange umgefallen und der Kobel auseinandergebrochen und der Georg herausgeflogen. Er hat sich dabei den Fuß verstaucht und ist später deshalb lange Zeit mit einem steifen, dick umwickelten Bein und einem Stock herumgelaufen, daß ihn alle beneidet haben.

Die Eltern vom Georg haben einen Ochsen gehabt, der hat Maxl geheißen. Der Ochs ist sehr brav gewesen und hat fleißig den Wagen gezogen, den Pflug oder die Egge, aber man hat ihn leicht beleidigen können, und dann hat er nur noch getan, was er gewollt hat. Wenn ihm eins mit dem Stecken übergezogen worden ist, hat er sofort kehrtgemacht und ist in den Stall zurück.

Wie die Eltern vom Georg einmal auf dem Feld gewesen sind, habe ich den Georg gefragt, ob man auf dem Ochsen auch reiten darf, weil es das gibt, daß Leute auf einem Ochsen reiten.

Der Georg hat gesagt, wir probieren es. Er hat dem Ochsen das Kopfgeschirr umgelegt und einen Riemen darangebunden, damit man sich festhalten kann. Dann haben wir den Maxl hinausgeführt. Er ist willig mitgegangen. Vor dem Stall hat sich der Georg draufgesetzt. Der Maxl hat es sich gefallen lassen, aber er ist keinen Schritt von der Stelle.

Da habe ich ihn mit der Gerte gewaltig angefeuert.

Der Maxl ist zunächst zu Stein erstarrt. Dann aber ist er plötzlich losgeschossen wie ein wilder Mustang, und ich bin hinter ihm her. Der Georg hat sich mit aller Kraft festhalten müssen, damit er nicht herunterfliegt. Der Maxl ist über die Wiese galoppiert und hinüber zum Kartoffelacker, wo die Eltern von Georg gearbeitet haben. Wie ihn sein Vater gesehen hat, ist er gleich herbeigeeilt und hat den Maxl anhalten wollen. Er hat ihn beim Schwanz gepackt und ich auch, und die Mutter vom Georg hat den Vater gepackt. Aber der Maxl ist nur noch wilder geworden, er hat sich mit einem Ruck losgerissen und ist auf einen Misthaufen zu und darübergesprungen und hat den Georg hineinfallen lassen. Und wir drei sind am Boden gelegen.

Dann ist der Maxl ruhig nach Hause spaziert und hat den ganzen Tag gebockt und nicht mehr gearbeitet.

Einmal hat der Georg gesagt, er weiß, wo es Ringelnattern gibt, und wenn wir eine brauchen, dann zeigt er uns den Platz. Der Luk hat gesagt, daß er dringend eine benötigt, weil die Frau Gschwentner, die mit ihnen im Gemeindehaus wohnt, eine alte Hexe ist und ihnen immer die Eier von den vier Hühnern stiehlt, die sie haben, und daß es sie vor einer Schlange furchtbar ekelt, und er will es ihr abgewöhnen, daß sie Eier nimmt.

Wir haben uns auf den Weg zum Langberger See gemacht und sind beim Lenzei vorbeigekommen. Hinter dem Hof ist eine alte Fahrradfelge gelegen, die haben wir mitnehmen und mit einem Stecken treiben wollen. Aber der Lenzei hat bemerkt, wie wir auf seinen Hof zusteuern, und er hat vielleicht gemeint, daß wir wieder seinen Ganserer tratzen und ist deshalb mit der Peitsche auf uns los.

Da haben wir Reißaus genommen.

Wir haben am Backofen vorbei müssen, dabei haben wir gesehen, wie die Lenzin gerade das Brot einschiebt.

Am Langberger See haben wir keine Ringelnattern gefunden, sondern nur eine tote Blindschleiche. Die hat der Luk in die Hosentasche gesteckt, aber weil ein Loch dringewesen ist, hat er sie unterwegs verloren.

Jetzt haben wir dem Kaser Wiggerl beim Fischen zugesehen. Er hat Weißfische fangen wollen, doch nicht der kleinste hat angebissen.

Darum sind wir zum Torfstadel hinüber und haben nach Salamandern gesucht, aber nur ein großes Wespennest entdeckt. Davon haben wir dem Kaser Wiggerl erzählt, weil wir gewußt haben, daß er gern Wespen fängt und sie in eine Flasche einsperrt.

Der Wiggerl hat gleich eine leere Bierflasche genommen und gesagt, wir sollen ihm das Nest zeigen, er bringt sie alle um. Wir haben ihn zum Torfstadel begleitet, und der Georg ist vorausgelaufen und hat mit einem Steckerl oben in das Wespennest vorsichtig ein kleines Loch gebohrt. Wir haben dann am Eingang gewartet und den Wiggerl beobachtet. Er hat die Flasche unter das Nest gehalten und mit dem Finger ein paarmal gegen die graue Hülle geklopft. Sofort sind die Wespen heraus, aber nicht bloß unten in die Flasche, sondern auch oben aus dem Loch, und haben den Wiggerl angegriffen und geangelt und ihm bös zugesetzt. Er hat laut geschrien und die Flasche weggeworfen und ist gleich davongerannt.

Uns haben die Wespen auch erwischt, aber nur wenige.

Der Georg hat dem Wiggerl gesagt, er muß Torferde drauftun, wo es weh tut, das weiß er von seinem Vater, weil der Bienen hat. Der Wiggerl hat es gemacht und schon gespürt, daß es besser wird.

Weil es schon dunkel geworden ist, sind wir nach Hause aufgebrochen.

Beim Lenzei ist uns eingefallen, daß wir die Radfelge holen müssen. Wir haben gesehen, wie die Lenzin schon das Brot aus dem Backofen nimmt. Das Brot hat fein geduftet, und plötzlich haben wir einen starken Hunger verspürt.

Der Luk hat gesagt, wir holen uns einen frischen Laib.

Wir haben gewartet, bis die Lenzin mit einem Korb voll ins Haus gegangen ist. Inzwischen haben wir uns überlegt, wie wir es anstellen. Der Luk hat vorgeschlagen, daß er zum Backofen geht und das Brot holt, ich soll drüben beim Stall aufpassen und dabei den Reifen mitnehmen, und der Georg soll hinter dem Backofen stehen und dort achtgeben. Wenn die Bäuerin kommt, müssen wir Alarm schlagen. Aber wir dürfen dann nicht in Richtung Backofen laufen, sondern woanders hin, damit sie abgelenkt wird und er mit dem Brot entkommen kann, und beim Steg treffen wir uns wieder.

Der Steg hat nur aus einem einfachen dicken Brett bestanden, das hinterm Lenzei über dem Bach gelegen ist.

Wie die Lenzin verschwunden gewesen ist, sind wir auf unsere Plätze. Der Luk ist gleich an den Backofen herangeschlichen, und ich bin zum Stall hinüber und habe den Reifen genommen. Aber da hat der Georg schon „Alarm! Alarm!" geschrien.

Ich bin sofort mit der Felge zum Steg gelaufen und über den Bach, und der Georg ist auch schon drüben gewesen.

Aber der Luk hat noch gefehlt.

Wir haben gesehen, wie er mit dem Wecken unter dem Arm auf den Steg zusaust und haben ihn angefeuert, aber es ist schon zu spät gewesen. Der Lenzei hat ihm bereits den Weg abgeschnitten und ist vorher am Steg eingetroffen und hat das Brett einfach zu sich herübergezogen. Dazu hat er gebrüllt: „Jetzt hab ich dich, Bürscherl, windig's! Du Stehlratzel, du miserablig's! Jetzt kommst mir nimmer aus!"

Da hat der Luk den Brotwecken zu uns herübergeworfen

und versucht, ob er in Richtung Totenbrücke entkommt. Aber von dieser Seite ist ihm die Lenzin entgegengerannt und hat ihn zurückgetrieben.

Da ist der Luk gehörig in der Zwickmühle gewesen.

„Spring rüber!" hat ihm der Georg zugerufen.

Der Luk hat einen Anlauf genommen und ist mit voller Wucht auf den Bach zu.

Die Lenzin und der Lenzei sind von zwei Seiten herbeigestürmt und haben ihn fangen wollen.

Wie der Luk abgesprungen ist, haben sie zugepackt.

Da sind alle drei zugleich in den Bach geplumpst.

Die Lenzin hat ein gräusliches Geplärr hören lassen und fest Wasser gespuckt, und der Lenzei hat geflucht wie närrisch.

Aber der Luk ist schnell herüber, und wir haben ihn die hohe Böschung heraufgezogen.

Wir sind ohne besondere Eile davon, weil uns niemand gefolgt ist, bloß gehört haben wir die Lenzin noch über eine weite Strecke hinweg.

Das frische, knusprige, warme Bauernbrot hat uns gut geschmeckt, aber wir haben furchtbar Bauchweh bekommen, weil wir es bis zum letzten Brösel aufgegessen haben.

Beim Lenzei sind wir lange Zeit nicht mehr vorbei.

Steinpilze

Weil mein Onkel Sepp ein Lokführer gewesen ist, habe ich auch einer werden wollen.

Ich habe im Forst nach dicker Föhrenrinde gesucht und daraus eine Lokomotive geschnitzt und Güterwaggons und Personenwagen.

Die Wagen haben keine Räder gehabt, aber eine Kupplung zum Aneinanderhängen. Sie hat aus einem Stück Draht bestanden, das ich unten längs durch den Wagen gesteckt und dort, wo es herausgeschaut hat, zu einem Haken umgebogen habe. Den ganzen Tag habe ich fleißig geschnitzt, und am Abend habe ich eine Menge Eisenbahnwagen und Lokomotiven gehabt und sie zwischen Stühlen und Tisch und unter dem Sofa fahren lassen.

Einmal hat der Onkel Sepp gesagt, daß er mich auf seiner Lok mitnimmt, wenn mich die Mutter läßt, und wir sind den ganzen Tag unterwegs.

Die Mutter hat es erlaubt.

Bis Freiling sind wir in einem ganz gewöhnlichen Eisenbahnwagen gefahren, aber im Dienstabteil, worin nur Eisenbahner haben reisen dürfen.

Im Freilinger Bahnhof haben wir gleich die Lok vom Onkel Sepp angeschaut, aber da bin ich sehr enttäuscht gewesen, weil er keine Dampflok gehabt hat, sondern bloß eine mit einem Dieselmotor.

Der Onkel Sepp hat mir alles erklärt, wo man bremst und das Gas gibt und wie man läutet und pfeift.

Bald ist es Zeit zur Abfahrt gewesen, und der Onkel Sepp hat die Lok zum Abstellgleis hinüberrangiert und den Zug angehängt, nämlich sieben Güterwagen, beladen mit Vieh und Holz und Maschinen.

Dann sind wir losgefahren.

Ich bin neben dem Onkel Sepp auf dem Führerplatz gestanden und habe nach allen Seiten hinausschauen können und gesehen, wie die Telegrafenmasten heranfliegen und vorbeiflitzen. Wenn wir an einen Bahnübergang gekommen sind, habe ich beliebig oft läuten und pfeifen dürfen. An jeder Station sind Wagen an- oder abgehängt worden, und wir haben rangiert und Weichen gestellt.

Dann sind wir weitergefahren.

Vor der dritten Station hat der Onkel Sepp gesagt, ich soll dreimal kurz pfeifen, ich sehe dann schon, was passiert. Schon während dem Bremsen habe ich es gesehen. Aus der Wirtschaft beim Bahnhof ist eine Frau herausgeeilt, die hat zwei Maß Bier und eine Brotzeit gebracht. Eine Maß Bier hat dem Onkel Sepp gehört, die andere dem Zugführer. Ich habe vom Bier trinken dürfen und ein großes Stück Leberkäs gegessen.

In Auffen haben wir drei Stunden Aufenthalt gehabt, weil der Onkel Sepp von hier aus einen Personenzug nach Freiling hat bringen müssen.

Wir haben zu Mittag gegessen, und der Onkel Sepp hat sich mit einem anderen Lokführer unterhalten. Der hat ihm erzählt, daß er gestern auch die Strecke gefahren ist, aber nicht die ganzen drei Stunden herumgesessen und gewartet hat, sondern mit der Lok ein Stück in den Wald gefahren ist und in dreißig Minuten einen ganzen Eimer Steinpilze gefunden hat. Da hat der Onkel Sepp sofort das Bier ausgetrunken und gesagt, daß er das auch macht, und er hat sich noch erklären lassen, wo man die Steinpilze findet. Er hat mich bei der Hand genommen und auch einen Wascheimer dazu, und wir sind zum Fahrdienstleiter gegangen. Dem hat er von unserem Vorhaben berichtet und gefragt, ob die Strecke frei ist, weil er ein Stück hinausfährt und die Lok dort stehen läßt. Der Fahrdienstleiter hat gesagt, es ist schon gut, aber er soll ja nicht zu spät kommen, weil der Gegenzug in zwei Stunden fällig ist.

Der Onkel Sepp hat es versprochen.

Die Wagen sind schon abgehängt gewesen, und so haben wir gleich losfahren können.

Mitten im Wald haben wir angehalten.

Wir haben viele Pilze gesehen, aber immer hat der Onkel Sepp gesagt, daß es keine Steinpilze sind, andere nimmt er nicht, weil er die nicht kennt.

Wir sind kreuz und quer herumgestreift, bis ich endlich hinter einem Busch einen ganzen Haufen Schwammerl entdeckt habe. Der Onkel Sepp hat sich riesig gefreut und mir gleich ein Fuchzgerl geschenkt, weil er noch nie so viele Steinpilze auf einem Fleck beisammen gesehen hat.

Der Eimer ist bald voll gewesen.

Dann hat der Onkel Sepp auf die Uhr gesehen. „Eine Stunde ist rum", hat er gesagt. „Also schleunigst zurück zur Lok!"

Wir sind in Richtung Bahndamm marschiert, aber obwohl wir immer schneller gegangen sind, haben wir weder den Damm noch die Lok gefunden.

„Die Richtung ist falsch", hat der Onkel Sepp nach kurzem Überlegen festgestellt und ist stehengeblieben. „Weiter nach rechts müssen wir uns halten. Aber laß dich nicht immer ziehen, es pressiert."

Da habe ich gemerkt, daß der Onkel Sepp ein wenig aufgeregt gewesen ist.

Nach zehn Minuten haben wir wieder angehalten.

Der Onkel Sepp hat sich umgesehen.

Dann hat er sich umgedreht und auf die Uhr geschaut und gesagt: „Wir müssen wieder zurück. Jetzt gibt's nur noch eins: immer geradeaus, damit wir endlich aus dem verdammten Wald rauskommen."

Nun sind wir nicht mehr bloß durch den lichten Wald marschiert, sondern immer stur geradeaus, zwischen Gebüsch hindurch und durch dichten Jungwald und über Gräben und Schneisen und so schnell wie möglich.

Tatsächlich sind wir plötzlich auf einer Wiese gestanden.

Wir haben viele Kratzer im Gesicht und an den Händen gehabt, aber nicht mehr viele Schwammerl im Eimer.

Nicht weit von uns entfernt hat ein Bauer gemäht.

Wir sind gleich zu ihm hin, und der Onkel Sepp hat ihm kurz erzählt, was passiert ist, nämlich daß er seine Lokomotive sucht.

Der Bauer hat ihn ganz komisch angesehen und zuerst nur „So?" gesagt und dann hinzugefügt: „Einen Zeppelin wüßt ich. Kannst einen solchen nicht brauchen?"

Der Onkel Sepp hat es ihm noch einmal erzählt und diesmal ausführlicher und gesagt, daß er dringend ein Fahrrad oder ein Motorrad braucht, damit er auf schnellstem Weg zu seiner Lok kommt, sonst ist er damit zu spät am Bahnhof und es geht alles drunter und drüber, weil die Strecke blockiert ist, und die Reisenden können nicht pünktlich abfahren.

Der Bauer hat furchtbar gelacht, aber dann gesagt: „Da bist aber weit weg vom Bahndamm. Schau, da drüben ist mein Hof. Vielleicht ist mein Sohn daheim, der hat ein Motorrad, der zeigt dir dann, wo's hingeht, aber ganz hin kann er auch nicht, weil da keine Straße bis ganz an das Bahngleis geht."

Wir sind wieder gelaufen, was rausgegangen ist, und hin und wieder ist ein Steinpilz aus dem Eimer gehüpft.

Der Sohn vom Bauern ist nicht dagewesen.

Jetzt hat der Onkel Sepp wieder alles erzählen müssen, diesmal der Bäuerin, und die hat sich furchtbar dumm angestellt und nichts kapiert und immer wieder „Ha?" gesagt, bis sie dann endlich zum Nachbarn gegangen und bald darauf mit dem Sohn zurückgekehrt ist.

Der Bauernbursch hat recht unverschämt gegrinst, weil er von seiner Mutter schon alles erfahren gehabt hat, und der Onkel Sepp hat sich hinten aufs Motorrad gesetzt und ich mit dem Eimer dazwischen.

Dann sind wir losgebraust.

Zuerst sind wir noch auf einer Straße gefahren, dann auf einem Feldweg und dann auf einem ganz schmalen Waldsteig — und dann ist auch der zu Ende gewesen.

Der Bauernbursch hat das Motorrad abgestellt. „Hundert Meter geradeaus, dann schaut's, ob ihr eure Lok findet."

Der Onkel ist wie wild durch das niedrige Jungholz gestürmt und ich hinter ihm drein.

Der Bahndamm! Und dann haben wir auch die Lok gesehen — vielleicht ein paar hundert Schritte entfernt. Wir sind von Schwelle zu Schwelle gesprungen, und der Onkel Sepp hat jedesmal keuchend einen Fluch ausgestoßen, wenn der Abstand zwischen den Schwellen einmal größer oder kleiner gewesen und er dadurch ins Stolpern gekommen ist. Und hin und wieder ist ein Schwammerl aus dem Eimer gefallen.

Wie wir mit der Lok den Bahnhof Auffen erreicht haben, sind die drei Stunden Aufenthalt längst um gewesen.

Im Bahnhof hat es eine große Gaudi gegeben, aber keine sehr lustige.

Der Fahrdienstleiter hat geschimpft und geflucht und gesagt, daß die Reisenden schon Plattfüße haben und sich beschweren und daß es vielleicht ein ganz großes Schlamassel gibt, und er muß jetzt endlich zuerst einmal den Gegenzug durchlassen, weil der schon eine Stunde wartet. Und er weiß noch nicht, ob er eine Meldung machen muß.

Bloß ein Lokführer hat sich den Bauch gehalten vor Lachen und dann auf den Eimer gedeutet und gesagt: „Sind das alle deine Steinschwammerl, Sepp? — So? — Dann laß dir's gut schmecken!" Der Onkel Sepp ist ganz verdattert dagestanden und hat nur noch genickt.

Mit eineinhalb Stunden Verspätung haben wir den Personenzug nach Freiling gebracht.

Auf der Heimreise hat der Onkel Sepp im Dienstabteil nichts geredet, sondern bloß ein paarmal geseufzt: „Wenn das bloß nicht schiefgeht!"

Es ist aber nichts schiefgegangen, weil die Eisenbahner alle zusammengehalten und nichts verraten haben.

Die Schwammerlsuppe hat dem Onkel Sepp gar nicht geschmeckt, denn beim Kochen hat sie ihn immer an die verlorene Lok erinnert, und beim Essen hat er gemerkt, daß man sie gar nicht essen kann, weil es lauter Gallenpilze gewesen sind.

Daß die Gallenpilze heißen, hat er aber erst später erfahren, wie ihn ein Lokführer nach der Schwammerlsuppe gefragt hat.

Es ist der Lokführer gewesen, der den Onkel Sepp in Auffen so unverschämt ausgelacht hat.

Schnapsideen

Einmal, während der großen Ferien, habe ich zusammen mit dem Luk im Tiefbau gearbeitet. Wir haben mitgeholfen, ein sechs Meter tiefes, kilometerlanges Bett für eine Abwasserleitung zu graben. Es ist in drei Etagen gearbeitet worden. Der Luk und ich haben ganz unten geschaufelt und sind dabei meist bis zu den Knien im Wasser gestanden, und wir haben jede Schaufel voll Dreck zur nächsten Etage nach oben heben müssen. Der Arbeiter auf dieser Etage hat den Dreck wieder weitergereicht zur obersten, und der letzte hat ihn ins Freie geschaufelt. Wenn wir drei Schaufeln voll nach oben befördert haben, ist meist nur so viel angekommen, wie auf einer Schaufel Platz gehabt hätte, alles andere ist wieder heruntergerutscht und uns auf den Kopf oder daneben ins Wasser gefallen. Darum hat jeder von uns beiden einen alten Hut aufgesetzt und ihn dick mit Papier ausgestopft.

Obwohl wir am schwersten haben arbeiten müssen, ist unser Lohn der geringste gewesen, nämlich zweiunddreißig Pfennig für die Stunde, weil wir noch den Lohn für Jugendliche von vierzehn Jahren bekommen haben. Die erwachsenen Arbeiter haben achtundsechzig Pfennig erhalten.

Der Bauführer hat uns oft geschimpft, wenn oben zu wenig Dreck angekommen ist, er hat uns dann angebrüllt, daß wir so faul sind, und die anderen Arbeiter haben auch geschimpft oder bloß gelacht. Am Vormittag und am Nachmittag hat es zehn Minuten Pause gegeben, aber wir haben nicht viel davon gehabt, weil wir erst als letzte mühsam aus dem Graben gekrochen sind, und wenn wir oben hinausgeschaut haben, hat der Bauführer oft schon wieder geschrien, wir sollen endlich machen, daß wir runtersteigen, weil wir immer so lange brauchen. Am Abend, nach zehn Stunden Arbeit, sind wir furchtbar müde und naß und voller Dreck gewesen und haben die Arme nicht mehr hochheben können und bloß noch schlafen wollen.

Der Bauführer hat uns geärgert.

Wir haben beschlossen, daß wir irgend etwas tun müssen, damit er sich auch ärgert.

Wir haben es bald gewußt.

Wie wieder einmal Pause gewesen ist und uns der Bauführer gleich wieder runterschicken hat wollen, ist der Herr Ingenieur aus dem Auto gestiegen. Er hat alles mit angesehen und hat den Bauführer angeschnauzt, daß es eine Schweinerei ist, wenn er ausgerechnet die Buben ganz nach unten steckt, und er soll gefälligst die Arbeit anders einteilen, und außerdem braucht er uns zum Vermessen.

Der Bauführer hat uns ganz wild angefunkelt, aber er hat tun müssen, was ihm der Herr Ingenieur angeschafft hat.

Jetzt haben wir es auf einmal ganz prima gehabt und für unser Geld nur die Meßlatte gehalten oder ein Stativ getragen oder eine Schnur gespannt. Zur Brotzeit haben wir uns zum Herrn Ingenieur in das Auto setzen dürfen.

Wie der Luk einmal mit einem Stück Backsteinkäse in den Wagen gestiegen ist, hat der Herr Ingenieur gesagt, er soll seinen Stinkadoris um Gottes willen draußen essen, sonst kann er es keinem Menschen mehr zumuten, mit ihm im Auto zu fahren.

Der Backsteinkäse hat wirklich einen ganz entsetzlichen Gestank verbreitet, und da ist dem Luk etwas eingefallen.

Er hat den Käse nicht gegessen, sondern aufgehoben.

Bei der Brotzeit am Nachmittag ist der Luk schnell zu der uralten, verrosteten Blechkiste vom Bauführer hinüber und hat den Käse hineingelegt. Aber der Herr Ingenieur hat es gesehen und den Luk herbeigerufen und gesagt, daß er es ganz falsch macht, weil der Bauführer den Käse vielleicht bloß hinauswirft oder gar selber aufißt, und wenn er so was machen müßte, täte er den Käse in kleine Stücke zerschneiden und einzeln im Auto verstekken. Aber er macht ja so was nicht, und er will auch keinen anderen dabei erwischen. Dabei hat der Herr Ingenieur ganz verschmitzt mit den Augen gezwinkert und sich umgedreht.

Der Luk hat den Käse in Stücke zerschnitten und ihn ganz sorgfältig im Auto vom Bauführer verteilt und versteckt.

Wie er fertig gewesen ist, hat der Herr Ingenieur gefragt, wieviel Stücke der Luk aus einem Backsteinkäs machen täte.

„Sechs, Herr Ingenieur", hat der Luk geantwortet.

Am nächsten Tag hat es auf der Baustelle eine große Aufregung gegeben, der Bauführer ist ganz außer Rand und Band gewesen und hat geflucht und ein Donnerwetter losgelassen und erzählt, daß er sich in seinen Karren nicht mehr hineinsetzen kann, weil er ärger stinkt wie eine Baulatrine, und er hat ein Stück Backsteinkäse darin gefunden, und wehe, wenn er den gescherten Lackl erwischt, der ihn versteckt hat. Er wird ihm das blöde Gesicht vermöbeln, daß er nicht mehr weiß, ob seine Großmutter ein Kuhfladen oder ein Roßbollen gewesen ist.

Die Arbeiter haben furchtbar lachen müssen. Nur der Herr Ingenieur ist ernst gewesen. Er hat sich an den Bauführer gewandt und gesagt: „Ich habe von der Schweinerei schon gehört und herausbekommen, daß es gleich fünf Käsestücke sind, die im Auto verborgen liegen. Aber trösten Sie sich, am Käsegestank ist noch keiner gestorben."

Der Bauführer hat sich zähneknirschend bedankt und ist gleich zu seinem Auto gelaufen und hat eine Stunde darin herumgewühlt und ist mit vier Stückchen Käse zurückgekehrt.

Er hat sich gefreut, daß er nun alle fünf gefunden hat.

Das Auto hat aber noch drei Wochen lang weitergestunken, und der Bauführer hat zum Herrn Ingenieur gesagt, wenn er nicht genau wüßte, daß nur fünf Portionen Backsteinkäse im Wagen versteckt sind, täte er glauben, daß noch eine weitere darin sei, weil der Gestank eher noch schlimmer wird. Der Herr Ingenieur hat hintergründig geantwortet, daß er auf dem Bau nichts für unmöglich hält.

Von dem vielen Geld, das wir uns mit der Arbeit verdient haben, hat sich jeder von uns ein Paar Skier gekauft mit einer echten Lederbindung und sogar mit stählernen Kanten. Im Winter sind wir damit an den Sonntagen auf die Hochries gegangen und heruntergefahren. Wenn wir in Frasdorf aus dem Zug gestiegen sind, haben wir gleich zu rennen angefangen, damit wir als erste auf der Gipfelhütte sind. Oft haben wir dabei bis zu den Knien im Schnee waten müssen, aber wir sind meistens am schnellsten oben gewesen. Herunter haben wir länger gebraucht wie die anderen Skifahrer, weil wir noch keine Kurven haben machen können, sondern bloß geradeaus fahren, und der Schnee ist oft sehr tief gewesen. Wenn wir zwischen Bäumen hindurch gemußt und nicht gesehen haben, wie es weiter geht, ist der Luk immer vorausgefahren und hat gesagt, er probiert es. Er ist gleich losgeschossen und in die Hocke gegangen und zwischen den Bäumen hindurch, daß es nur so gestaubt hat. Von unten hat er entweder gerufen „Es geht schon!", oder „Vorsicht, es geht nicht!", wenn er an einem Baum gelandet ist.

Wie einmal der Lengdorfer Weiher zugefroren war, hat der Luk gesagt, wir zertrümmern das Eis und probieren dann das Schlittschuhlaufen. Mit einem schweren Prügel haben wir das Eis zu großen Schollen zerschlagen. Die Platten haben dann beim Fahren nachgegeben, und wenn man im richtigen Augenblick von einer Scholle zur andern gesprungen ist, hat man wie auf einer Berg-und-Tal-Bahn fahren können.

Da ist der Oberförster Hirsch gekommen.

Er hat die Schlittschuhe dabeigehabt. Wie er gesehen hat, daß das Eis wackelt, hat er gleich ganz närrisch geschimpft, daß wir alles kaputtmachen und immer bloß einen Unfug anstellen, einen gefährlichen noch dazu, und der See gehört dem Forstamt, und wir sollen schleunigst machen, daß wir verduften.

Da haben wir die Schlittschuhe von den Schuhen genommen und sind abgehauen.

Wir sind noch nicht weit gewesen, da haben wir ein entsetzliches Geschrei gehört: „Hilfe! Hilfe, mein Fuß, mein Fuß!"

Aus der Ferne haben wir gesehen, daß der Hirsch mit einem eingeklemmten Fuß auf dem Eis gelegen ist. Er hat wahrscheinlich auch das Wellenfahren probieren wollen, es aber nicht fertiggebracht.

Wir sind näher herangegangen, aber da ist schon ein Bauer zu Hilfe geeilt. Er hat die Eisplatte, auf der der Oberförster gelegen ist, zerkleinert. Der Hirsch ist dabei ins Wasser gefallen, aber er hat leicht herauskriechen können, weil der Weiher nur eineinhalb Meter tief gewesen ist.

Im Juni hat es einmal ein schreckliches Hochwasser gegeben. Viele Felder sind unter Wasser gestanden, und bei manchen Bauern ist es in Stall und Wohnhaus eingedrungen.

Ich bin mit dem Luk zum Fluß hinunter, weil wir uns ein Floß haben bauen wollen. Unterwegs haben wir gesehen, daß das Meixner-Haus fast vollständig überflutet ist. Auf der erhöhten Straße sind die Meixners und viele andere Leute in einer Gruppe beisammengestanden, und die Meixners haben gejammert, weil das Wasser ihr Heu wegschwemmt und den Stadel und alles im Haus zerstört und die Felder verschlammt.

Die Meixners haben nur ein kleines Sachl besessen mit einer Kuh und ein paar Schafen und vier Stallhasen. Alle Tiere sind verstört auf der Straße umhergelaufen, aber die Stallhasen sind noch in ihrem Verschlag gesessen, der ist im Wasser geschwommen und dem Haus zugetrieben.

Da hat der Luk gesagt, daß man sie retten muß, und er hat ohne Überlegung Joppe und Hemd ausgezogen und hat sich ins Wasser gestürzt. Die Leute haben ihn noch zu warnen und abzuhalten versucht, weil es viel zu kalt und obendrein sehr gefährlich ist.

Aber der Luk hat sich nicht von seinem Vorhaben abbringen lassen.

Da habe auch ich Jacke und Hemd ausgezogen und bin ihm nach. Ein Stück weit haben wir noch Boden unter den Füßen gehabt, aber dann ist das beißend kalte Wasser immer tiefer geworden und sehr reißend, und wir haben schwimmen müssen. Wie wir am Meixner-Haus angekommen sind, hat die Strömung die Kiste mit den Hasen erfaßt und mit sich fortgerissen. Der Luk ist schnell hinterhergekrault und hat sie noch erwischt.

Wir haben nun zum Haus zurück wollen und von dort zur Straße, aber das Wasser hat uns einfach mitgenommen. „Zum Damm!" hat der Luk gerufen. Wir haben versucht, den Damm zu gewinnen, doch erst weit unterhalb des Anwesens haben wir ihn erreicht. Der Damm ist schon einen halben Meter überschwemmt gewesen, aber wir haben ihn an den Büschen erkannt und uns an ihren Zweigen festgehalten.

Bald haben wir furchtbar gefroren und geschlottert, und ich habe gedacht, daß wir vielleicht nie mehr vom Damm herunterkommen und elendig ersaufen oder erfrieren müssen. Mit zunehmender Kälte ist mein Mut dahingeschwunden und die Angst gewachsen. Aber der Luk hat gesagt, wir kommen schon irgendwie von hier weg, und er hat die Kisten mit den Stallhasen eisern festgehalten.

Bald darauf ist tatsächlich der Flußmeister mit einem Boot auf uns zugefahren und hat uns abgeholt. Er hat uns eine strenge Predigt gehalten und erklärt, daß es ein bodenloser Leichtsinn und keineswegs eine Heldentat ist, wenn man wegen ein paar Karnickel ins eiskalte Wasser springt und vielleicht das Leben riskiert, aber der Luk hat geantwortet, daß ihn jetzt nur eins freut, nämlich daß die Hasen noch so munter sind.

Dabei hat er gebibbert wie die Hasen in der Kiste.

Einmal sind der Luk und ich beim Schienerfranz vorbeigekommen. Der Schienerfranz hat weit draußen vor dem Dorf eine Schnapsbrennerei betrieben. Wir haben gefragt, ob wir zuschauen dürfen. In der Brennerei hat es stark nach Schnaps gerochen, so daß man fast keine Luft erwischt hat.

Der Schienerfranz hat uns erklärt, wie man Schnaps brennt, und er hat uns auch einen probieren lassen. Er hat jedem von uns ein kleines Gläschen voll hingestellt. Der Luk hat es in einem Zug hinuntergekippt.

Da ist er plötzlich aufgesprungen, als ob er sich in Nägel gesetzt hätte, und er ist völlig steif geworden und hat die Augen und den Mund weit aufgerissen und starr geschaut, wie wenn er keinen Schnaufer mehr tun kann.

Der Schienerfranz hat ihm auf den Rücken geklopft und gesagt: „Gell, der ist raß!" Und dabei hat er schallend gelacht. „Das ist nämlich ein Hochprozentiger", hat er hinzugefügt, „paß auf, daß er dich nicht umschmeißt!"

Ich habe mein Glas nur tropfenweise ausgeschlürft, doch der Schnaps hat mir überhaupt nicht geschmeckt, sondern ich habe gemeint, daß es eine Mischung aus Feuer und Pfeffer ist.

Der Schienerfranz hat uns dann einen leichten, klebrigen Waldmeisterlikör vorgesetzt und hinterher ein Kirschwasser. Wir sind überaus lustig geworden und haben mit ihm gelacht und gescherzt und eine seiner Zigaretten geraucht.

Beim Heimgehen ist mir zuerst zumute gewesen, wie wenn ich Flügel habe und schwebe, aber dann habe ich geglaubt, daß ich mit einem Karussell, das sich nicht anhalten läßt, wild im Kreis herumfahre, und es ist mir schlecht geworden, und ich habe erbrechen müssen. Der Luk hingegen hat immer nur gelacht und gesagt, er freut sich so unheimlich, daß er es gar nicht sagen kann. Er ist in der Wiese umhergesprungen und über Gräben gehüpft und hat zu singen angefangen: „Lustig ist das Zigeunerleben ..."

Das Lied haben wir in der Schule gelernt.

Zu Hause hat meine Mutter sofort bemerkt, daß ich furchtbar blaß bin und nach Schnaps rieche, und sie hat kein langes Verhör angestellt, sondern erst später, und mich zunächst ohne Umstände ins Bett verfrachtet.

Ein paar Tage danach hat der Luk gesagt, daß ihm der Schnaps gar nichts ausgemacht hat, und wie es wäre, wenn wir selber auch Schnaps brennen täten, weil wir mit dem Verkauf viel Geld verdienen können, vielleicht sogar mehr wie beim Tiefbau. „Mein Großvater hat auch einmal Schnaps gebrannt", hat er berichtet. „Der alte Destillierapparat ist noch irgendwo auf dem Speicher."

Weil die Mutter vom Luk gerade im Krankenhaus gelegen ist, haben wir beschlossen, daß wir unverzüglich mit dem Brennen anfangen.

Wir haben den dicken Alfred eingeweiht, und der ist ganz begeistert gewesen und hat gesagt, er glaubt, daß er es auch kann, weil sein Vater schon Kornschnaps gemacht hat.

Der Alfred hat zwanzig Pfund Roggenmehl gestiftet.

Wir haben das Mehl angären lassen, und dann ist es soweit gewesen.

Wir haben den großen Küchenherd in der Wohnung vom Luk fest mit Torf angeheizt und den Destillierapparat direkt aufs Feuer gestellt, damit er rasch heiß wird. Es hat aber nur gebrodelt und gestunken, und aus dem Röhrchen ist zunächst überhaupt kein Schnaps herausgetröpfelt und später nur sehr wenig und nur einer von unappetitlicher brauner Farbe. Da hat der Luk gesagt, daß

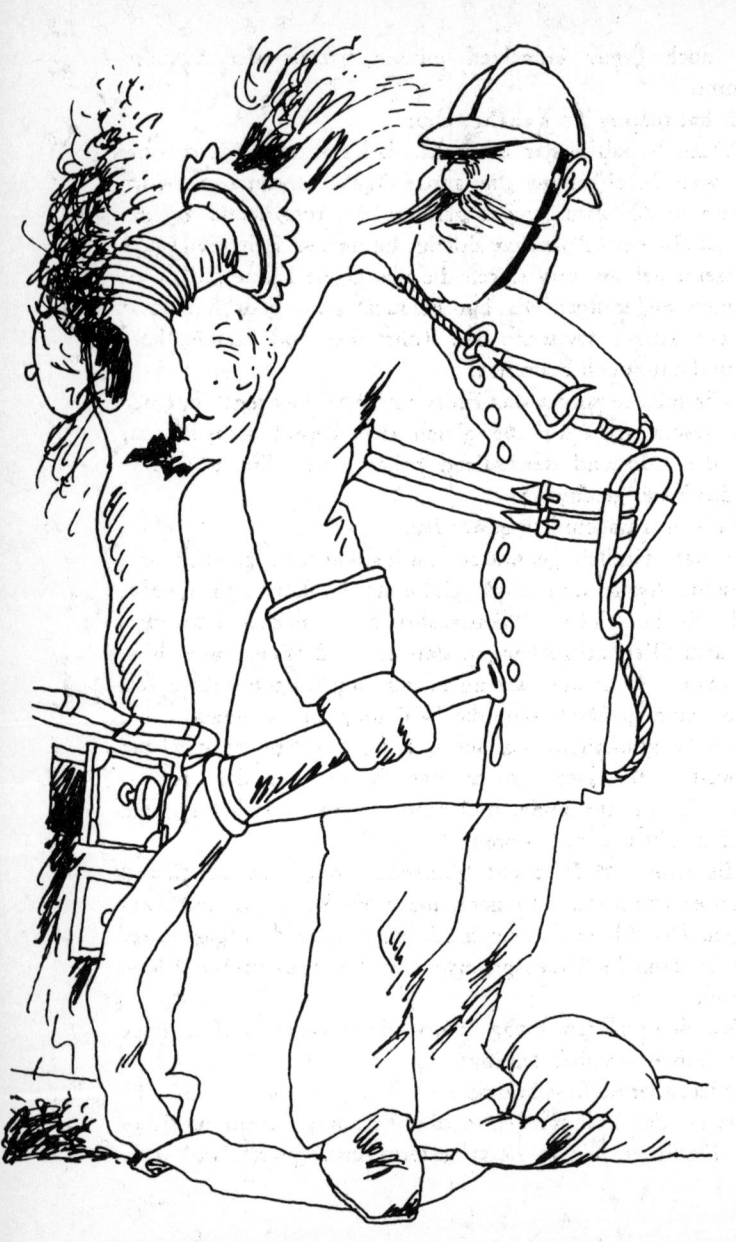

wir noch besser einheizen müssen, damit der Schnaps kommt.

Er hat tüchtig Torf nachgeschürt.

Plötzlich haben wir entdeckt, daß das lange Ofenrohr, das vom Küchenherd die ganze Wand entlang bis zum Kamin in der Zimmerecke geführt hat, rotglühend geworden ist. In dem Rohr hat sich im Laufe der Zeit viel Harz angesetzt gehabt, und durch die übergroße Hitze hat es zu brennen angefangen. Es hat gefaucht und gedröhnt, und aus den Ritzen zwischen den Rohrteilen sind Funken heraus und bald auch Flammen.

„Wir müssen sofort das Feuer im Herd löschen!" hat der Luk geschrien. Ich habe gleich den Kessel weggezogen, und der Luk und der Alfred haben einen Eimer Wasser auf das Feuer geschüttet.

Da ist uns unheimlich geworden.

Es hat nämlich geknattert und geknistert, gepufft und gezischt, Asche und Ruß, glühende Funken und Qualm sind wie bei einem Vulkanausbruch in dicken Schwaden aus dem Ofen gekrochen, so daß es im Zimmer ganz dunkel geworden ist und wir zu husten angefangen haben. Ich habe schon gemeint, daß die Wohnung in Flammen steht, und habe geschrien, und der Luk ist ans Fenster und hat es weit aufgerissen. Durch das Fenster ist der dunkle Rauch hinaus ins Freie, und schon haben draußen Kinder gerufen: „Es brennt! Es brennt!"

Mit einem Mal ist das glühende Rohr von der Wand heruntergedonnert, und noch mehr Funken sind umhergeflogen. Der Alfred hat noch schnell Wasser draufgeschüttet und ist dann in Riesensprüngen zur Tür raus und wir hinterdrein.

Draußen auf dem Gang haben wir gewartet, daß es jetzt lichterloh zu brennen anfängt.

Es hat aber nicht gebrannt.

Da ist der Luk wieder in die Wohnung hinein und hat den Destillierapparat herausgezerrt und gesagt, daß wir ihn verschwinden lassen müssen und sofort auf den Dachboden bringen, und drinnen in der Küche sieht es furchtbar aus.

Da haben wir die Feuersirene gehört.

Gleich darauf sind auch schon die Männer mit den gelben Helmen aus dem Wagen gesprungen und in die Wohnung gelaufen.

Die Küche ist innen ganz schwarz und der Boden voller Brandflecken gewesen, und eine unheimliche Menge Ruß und Asche sind herumgelegen.

Wir haben geglaubt, daß sie uns vielleicht einsperren wegen Brandstiftung, aber es ist ganz anders gekommen.

Der Luk hat dem Brandmeister erzählt, wie alles passiert ist, nämlich daß seine Mutter im Krankenhaus liegt und er selber kochen muß und wir einen Tee gemacht haben, und da hat auf einmal das Rohr gebrannt.

Der Brandmeister hat den Sachverhalt dem Bürgermeister berichtet, weil der für die Gemeindewohnung zuständig gewesen ist. Der Bürgermeister hat dem Luk gesagt, er freut sich, daß wir so umsichtig gehandelt und das Gemeindehaus vor dem Abbrennen bewahrt haben, und er kann uns nur höchstes Lob aussprechen. Und er läßt den Schaden schon wieder beheben und die Küche neu ausweißen.

Am nächsten Tag ist schon ein Maurer mit Kalk und Bürste bei der Arbeit gewesen.

Nachwort

Jetzt, nachdem ich meine kleinen Erlebnisse niedergeschrieben und nochmals durchgelesen habe, fällt mir ein, daß ich etwas Wichtiges, etwas sehr Wichtiges vergaß:

Ich bitte um gütige Nachsicht und Vergebung bei allen, die vielleicht jetzt erst erfahren, wer ihnen damals mehr oder weniger übel mitspielte.

Auch bei jenen möchte ich mich entschuldigen, die ich in den Kapiteln meines Buches nicht erwähnte, die sich aber sicher meiner erinnern, wenn ich sage,

– daß ich es war, zusammen mit dem Glaser Maxl, der in der Frühe um fünf Uhr den Kamin vom Kernbauern mit Heu verstopfte und so beim morgendlichen Anheizen eine höllische Aufregung verursachte.

– daß ich es war, zusammen mit dem Kirmaier Lenz, der einen toten Fisch in die Rattenfalle steckte, die der Dengler Muckl, unser Dorfschuster, neben seinem Anwesen am nahen Bachufer ausgelegt hatte, und der nun, ob seines unglaublich anmutenden Fanges, weidlich ausgelacht wurde.

– daß ich es war, zusammen mit dem Mader Hans, der den neuen Transportkarren an den Kornaufzug des Lagerhauses hängte, wo er dann beim ersten Bergungsversuch aus acht Meter Höhe heruntersauste.

– daß ich es war, zusammen mit dem Bodenwart Richard, der die 128 Bleistiftstummeln sammelte und sie dem Herrn Professor Beißl, genannt „der Pongo", auf Weihnachten schickte, weil er sich nie einen neuen Bleistift leisten konnte.

– daß ich es war, zusammen mit dem Stemmer Karli, der das liebevoll gepflegte Fahrrad des Hausmeisters bis in die allerletzten Einzelteile zerlegt und mit einer Zugabe von einigen Dutzend Schrauben, Muttern und Kugellagerkugeln in einer Kiste verpackt hinter die Kellertür stellte.

Manfred Bacher: Lausbuben gibt's! –
Sonderausgabe von „Immer bin ich's gewesen"
und „Der Luk und ich".
6. Auflage
© 2000 Rosenheimer Verlagshaus
GmbH & Co. KG, Rosenheim

Titelbild: G. Bri
Illustrationen im Innenteil von G. Bri („Immer
bin ich's gewesen") und Tilman Michalski,
München („Der Luk und ich")
Druck und Bindung: Ebner Ulm
Printed in Germany

ISBN 3-475-53086-4